ZEN

ZEN

PRAXIS UND LEHRE
GESCHICHTE UND PERSPEKTIVEN

MICHEL BOVAY
LAURENT KALTENBACH
EVELYN DE SMEDT

KÖSEL

Übersetzung aus dem Französischen: Anna Wassermeyer, Berlin.
Die Originalausgabe erschien unter dem Titel »Zen. Pratique et enseignement, histoire et tradition, civilisation et perspectives« bei Éditions Albin Michel, Paris.

ISBN 3-466-34357-7

Copyright © 1993 by
Éditions Albin Michel S.A., Paris und
East-West Production AG, Zürich.
© 1996 für die deutsche Ausgabe by
Kösel-Verlag GmbH & Co., München.
Alle Rechte vorbehalten.
Herstellung: East-West Production AG, Zürich.
Gestaltung: Thomas Lüchinger, Zürich.
Satz: TypoVision AG, Zürich.
Lithographie: Meier & Pfister AG, Effretikon/Zürich.
Druck und Bindung: Vontobel Druck AG, Wetzikon/Zürich.

Wir möchten uns besonders bei Zdenek Lomecki für seine wertvollen Ratschläge, seine historischen Kenntnisse und seine bereitwillige Hilfe bei der Abfassung der Texte bedanken.
Unser Dank gilt ebenfalls Marc Bruhat, Veronique Jordan und Claudio Maranta für ihren Beitrag bei der Gestaltung dieses Werkes.

Ohne die Association Zen Internationale, gegründet von Meister Taisen Deshimaru, wäre dieses Buch nicht zustande gekommen.

Dieses Buch ist Meister Deshimaru gewidmet, der sein Leben dafür eingesetzt hat, in Europa den wahren Geist des Zen weiterzugeben.

INHALT

Vorwort *von Maurice Béjart* 13
Einführung 14

PRAXIS UND LEHRE

ZEN IST ZAZEN
Zazen ☐ Einfach nur sitzen 20
Die Haltung ☐ Mit dem Kopf gegen den Himmel drücken 22
Die Atmung ☐ Das lautlose »Muh« 25
Die Geisteshaltung ☐ Vorbeiziehen lassen 26
Kin hin ☐ Gehen auf der großen Erde 29

ZUSAMMEN ÜBEN
Die Dojo-Regeln ☐ Sich mit den anderen
in Einklang bringen 30
Kyosaku ☐ Der Stock der Erweckung 33
Gassho ☐ Die Hände zusammenlegen 34
Sanpai ☐ Alles aufgeben 35
Guen-mai ☐ Die Eßschale des Mönchs 36

DAS LEBEN IM TEMPEL
Gyoji ☐ Die Übung wiederholen 38
Sesshin ☐ Vertraut werden mit sich selbst 41
Ein Tag Übung ☐ Der Klang der Glocke 42
Samu ☐ Ein Tag ohne Arbeit, ein Tag ohne Essen 44
Die Zeremonie ☐ Mit dem Körper denken 46

VON MEINER SEELE ZU DEINER SEELE
Die Tradition ☐ Das Mark der Patriarchen 48
Das Kesa ☐ Das Kleid des Satori 51
Die Ordination ☐ Die Weitergabe des Kesa 52
Die Gebote, Kai ☐ Richtig leben 54
Karma ☐ Die Samen des Lebens 57

VERSTEHEN DURCH SICH SELBST

　　Mondo □ Man kann den Wind nicht anbinden 58
　　Das Mitgefühl □ Ein hohes Lied 61
　　Die Gabe, Fuse □ Die Hände öffnen 62
　　Shin jin datsu raku □ Körper und Geist aufgeben 62
　　Das Leiden □ Die Wellen der Illusionen 64
　　Bonno soku bodai □ Die Illusionen werden Satori 64
　　Satori □ Von seinem Traum erwachen 66

JENSEITS DES VERSTEHENS

　　Hier und Jetzt □ Der ewige Augenblick 68
　　Mushotoku □ Ohne Ziel, ohne Begehren 71
　　Hishiryo □ Denken, ohne zu denken 72
　　Mujo □ Ein Tautropfen 75
　　Ku □ Existenz ohne Wesenskern 76

GESCHICHTE UND WEITERGABE

INDIEN (6. JAHRHUNDERT V. CHR. – 6. JAHRHUNDERT N. CHR.)

　　Buddha Shakyamuni □ Die Quelle 80
　　□ Unterweisung im Gazellenpark 83
　　Mahakashyapa □ Die Blume des Dharma 86

CHINA (6. JAHRHUNDERT – 13. JAHRHUNDERT)

　　Bodhidharma □ Neun Jahre unbeweglich vor der Wand ... 88
　　Eka □ Sich den Arm abschneiden 91
　　Sosan □ Gedicht vom Glauben an den Geist 92
　　Doshin □ Die Kunst, einfach nur zu sitzen 93
　　Konin □ Der Berg des fünften Patriarchen 94
　　Eno □ Weder Süden noch Norden 95
　　Yoka Gengaku □ Erweckung in einer einzigen Nacht 97
　　Nangaku Ejo □ Das Satori ist nicht schwierig 98
　　Baso Doitsu □ Der Ziegel und der Spiegel 99
　　Nansen Fugan □ Die Katze entzweischneiden 100
　　Joshu Jushin □ Der gewöhnliche Geist ist der Weg 100
　　Hyakujo Ekai □ Ohne Anhaftung, ohne Wunsch 102
　　Obaku Kuin □ Ein einziger Geist 104
　　Rinzai Gigen □ Den Tiger nicht an den Barthaaren ziehen 106
　　Sekito Kisen □ Die Strohhütte 108
　　Tokusan Senkan □ Der Diamantschneider 110
　　Gensha Shibi □ Woher kommt dieser Schmerz? 111
　　Yakusan Igen □ Selbst zehntausend Weise können
　　es nicht erklären 112
　　Ungan Donjo □ Nicht ein einziges Wort 114
　　Tozan Ryokai □ Der Schatzspiegel 114
　　Ungo Doyo □ Der in den Wolken lebt 116

Fuyo Dokai □ Ich, wilder Mönch 117
Wanshi Shogaku □ Die schweigende Erweckung 119
Tendo Nyojo □ Leben und Tod sind die große Sache 120

JAPAN (13. JAHRHUNDERT. – 20. JAHRHUNDERT)

Dogen Kigen □ Der alte Koch 122
Koun Ejo □ Speicher der großen Weisheit 126
Keizan Jokin □ Der Ozean der Erweckung 128
Ikkyu Sojun □ Verrückte Wolke 130
Daigu Ryokan □ Tautropfen auf einem Lotusblatt 131
Kodo Sawaki □ Der Mönch ohne Bleibe 133

EUROPA (20. JAHRHUNDERT)

Taisen Deshimaru □ Der Bodhidharma der
modernen Zeit 136
□ Die Saat des Zen in neuer Erde 140

ZIVILISATION UND PERSPEKTIVEN

DIE ZIVILISATION IN DER SACKGASSE?

Die »zivilisierte« Gesellschaft von heute 146
Der mißratene Mensch? 148
Die sichtbare Welt und die unsichtbare Welt 149
Das Leben und der Tod 150

DIE INNERE REVOLUTION

Der normale Zustand 152
Die Widersprüche umarmen □ Der Weg der Mitte 155
Ohne Kategorie 156
Die Nicht-Angst 157
Die kosmische Tatkraft □ Ki 158
Der Weg des Bodhisattva 161

HIN ZU EINEM NEUEN HUMANISMUS

Der schöpferische Mensch 162
Vision einer neuen Zivilisation 163

ANHANG

Die Weitergabe des Zen in Indien 170
Die Weitergabe des Zen in China 171
Die Weitergabe des Soto-Zen in Japan 172
Bibliographie 173
Bildnachweis 174
Kontaktadressen 175

VORWORT

Ich bin im Gleichgewicht auf meiner Nase!* Werde ich fallen? Gleichgewicht… Unbewegliche Bewegung, dynamische Unbeweglichkeit, als ein Seiltänzer auf meiner Atmung sehe ich diesem Kommen und Gehen des Hauchs zu, der in mich eintritt und aus mir herauskommt. Aus mir… Aus wem? Diese provisorische Zusammenstellung von Empfindungen, Gefühlen, Verdauungen, Kreisläufen, dieses atomische Ballett von instabilen Teilchen, alten und neuen, in immerwährendem Wechsel. Ich… gestern dieses Buch gelesen, heute morgen diesen Blick gewechselt, in der Métro, diese Migräne (Angst oder schlechte Ernährung), diese Erinnerung an ein Kind, dessen Name ich noch trage, an einen schüchternen Jugendlichen, der wer wurde? Mein Bruder, mein Sohn, mein Ahnherr oder der Widerschein einer entfernten Erinnerung, die ich an irgendein »Ich« anpasse.

Ich bin im Gleichgewicht auf meiner Nasenspitze! Everest unserer Illusionen, Schwindel dieses ewigen Werdens, das Faust/Goethe zum Augenblick sagen ließ: »Verweile doch, du bist so schön!« Im Gleichgewicht, hier und jetzt, der Augenblick, einzig mögliches Streiflicht auf das, was man pompös die Ewigkeit nennt.

Kippen wir das Ganze um, drehen wir die Worte (haben sie eine Richtung, eine Bedeutung?), die Nase wird Zen, und ich atme den Duft des Räucherstäbchens, das Taisen Deshimaru in meinem Zimmer anzündete, als ich ihn das letzte Mal sah… vor einigen Jahren, einigen Sekunden, in meinem Zimmer, in Brüssel, wo ich damals wohnte… Freude über seinen Besuch und gegenseitige Klarsicht, Wissen, dieses Treffen ist unser letztes.

Ich wußte nicht, was das Lachen war, bevor ich Deshimaru kannte, ich wußte nicht, was schauen war, berühren, gehen, fühlen, schlafen, eine Katze streicheln, den Flug einer Feder in der Luft verfolgen, atmen oder mich im Gleichgewicht halten, auf meiner Nasenspitze.

Wir haben die Werte verdreht, wir, die wir vorgeben, zivilisiert zu sein; es ist vielleicht noch Zeit, wenn man einmal richtig fest niest, sich in der anderen Richtung wiederzufinden, nach allem ist der Everest vielleicht nur ein Brunnen von 8848 Metern Tiefe, und meine Nase der Schlüssel zu meinem Zen.

Ich kann nichts erklären, denn ich weiß nichts, außer daß im Notfall Deshimaru bei mir ist und anfängt zu lachen. Ich rate Ihnen, dieses Buch nicht ernst zu nehmen. Es verdient etwas viel Besseres, es verdient Ihre Liebe, Ihre völlige Verfügbarkeit und Ihr Beiseitelassen von Beschränkungen.

Ich… Wer? Ich weiß nicht. Danke, Taisen, von meiner Seele zu Deiner Seele.

Maurice Béjart

---

*Maurice Béjart entwickelt seine Gedanken an Meister Deshimaru und Zen am roten Faden eines Wortspiels entlang, das sich im Deutschen leider nicht retten läßt: »Nase«, französisch »nez«, ergibt rückwärts gelesen »Zen«. A.d.Ü.

EINFÜHRUNG

Zen hat seine Quelle in der Erfahrung von Buddha Shakyamuni, der vor zweitausendfünfhundert Jahren die Erweckung verwirklichte, als er in der Zazen-Haltung saß. Diese Übung enthält das Wesen seiner Lehre, deren Botschaft eine universelle Reichweite hat.

Zen hat die Zivilisationen bereichert, durch die es gegangen ist. Heutzutage kommt es mit seiner ganzen Frische in den Westen, wobei es die rein östlichen Aspekte hinter sich gelassen hat. Es ermöglicht den direkten Zugang zur Kenntnis von sich selbst, jenseits von Systemen, Werten, Nationen und Rassen.

Wenn es auch manchmal als Religion oder Philosophie eingeschätzt wird, basiert Zen weder auf einem Dogma noch auf irgendeiner Ideologie. Es ist die lebendige Erfahrung und schöpferische Kraft, vor jeder Formalisierung. Zen besteht wesentlich aus der Übung von Zazen.

Es schöpft seine Kraft aus dieser Übung und prägt mit seinem Einfluß alle Situationen des Alltags. Das zu erkennen und es in seiner persönlichen Existenz in die Tat umzusetzen, ist wahrhaft eine echte innere Revolution. Es bedeutet, seine Wurzeln wiederzufinden und in die Wirklichkeit des Lebens einzudringen.

Alle Natur- und Geisteswissenschaften betrachten den Menschen unter einem bestimmten Blickwinkel. Aber die Summe aller dieser Visionen würde niemals einen lebendigen Menschen ergeben, denn ein Menschenleben geht schließlich über alle vorstellbaren Analysen hinaus.

Die Übung des Zen ist die Erfahrung der Einheit vor jeder Dualität. Es ist nicht möglich, das rationell zu erklären, denn die Sprache führt zu einer Trennung von der Wirklichkeit, die das Zen selbst ist.

Dieses Buch stellt die Praxis des Zen vor, indem es sie lebendig werden läßt durch Worte und Bilder – jenseits von Worten und Bildern.

Vor der Ankunft von Meister Taisen Deshimaru in Europa war Zen hauptsächlich für seine Philosophie und den Einfluß bekannt, den es auf die Kultur in China und Japan ausgeübt hat: Man kannte nur seine Äste, nicht aber die Wurzel.

Vorliegendes Werk macht die Unterweisung gegenwärtig, die Meister Taisen Deshimaru seinen westlichen Schülern fünfzehn Jahre lang gegeben hat.

Wo auch immer der Leser das Buch öffnet, wird er den subtilen Geschmack des Zen finden.

Der erste Teil beschäftigt sich mit der wesentlichen Eigenschaft des Zen: die Einheit von Körper und Geist. Es handelt sich nicht um eine metaphysische Beteuerung, sondern um etwas Offensichtliches, das man durch die Übung entdeckt. Zen verwirklicht durch Zazen und durch die Ausführung der Handlungen des Alltags eine vollständige Erziehung: Indem man den Körper erzieht, wird der Geist erzogen; ist der Geist richtig, wird es auch die Geste.

Die Übung des Zen ist die Übung der Zazen-Haltung, aber auch die Übung der Grundelemente des täglichen Lebens: atmen, gehen, schlafen, essen, arbeiten, denken, mit den anderen und mit der Umwelt in Harmonie leben. Diese Aspekte sind im Geist des Weges studiert und ausgeübt worden seit Buddha Shakyamuni. Es sind die wesentlichen Elemente des Gleichgewichts unseres Lebens.

Zazen ist nicht nur eine spirituelle Übung, sondern die Verwirklichung der Weisheit durch den Körper, die etwas offenbart, das alle menschlichen Wesen gemeinsam haben.

Der zweite Teil ist kein streng historischer Bericht der Weitergabe des Zen. Die Zen-Meister benutzten die Geschichte, um den Geist ihrer Schüler zu erwecken. Ihre Taten und Gesten, ihre Worte, ihre Gedichte sind niemals Gegenstand von Studien gewesen, sondern Empfehlungen auf dem Weg. Diese Form der Vermittlung wurde von Generationen von Meistern weitergegeben. Deshalb unterscheidet sich die Praxis heutzutage nicht grundlegend von derjenigen der Meister und Patriarchen, selbst der ältesten.

Die Weitergabe des Zen ist nie anders geschehen als von Meister zu Schüler, von Mensch zu Mensch. Die Kenntnis der Texte hat für das wahre Verständnis des Zen niemals ausgereicht. Ein derart gelehrter Mönch mußte sich von einem alten Koch sagen lassen, er verstünde weder den Geist noch die Schrift, ein anderer verbrannte schließlich seine Bücher.

Der größte Teil der aufgeführten Meister und Patriarchen nach der indischen Periode gehören der *Soto*-Linie an, die sich nach einundachtzig Generationen mit Meister Taisen Deshimaru im Westen fortsetzt. Ihre bezeichnendsten Worte und Taten wurden festgehalten.

Die Namen der indischen Meister sind in Sanskrit, die der chinesischen Meister in Japanisch wiedergegeben, da sie so von Meister Taisen Deshimaru zitiert wurden. Die chinesischen Namen sind in Klammern beigefügt.

Der dritte Teil deutet den Beitrag an, den Zen dem Westen anbietet. Zen hat sehr verschiedene Kulturen inspiriert, für die unsere könnte es ebenso sein. Die ökonomischen, sozialen und politischen Probleme wird es nicht lösen, aber es kann die Weisheit vermitteln, die zu ihrer Lösung unverzichtbar ist. Ein alter Meister sagte: »Auf dem knospenlosen Zweig öffnet sich eine neue Blüte.«

PRAXIS UND LEHRE

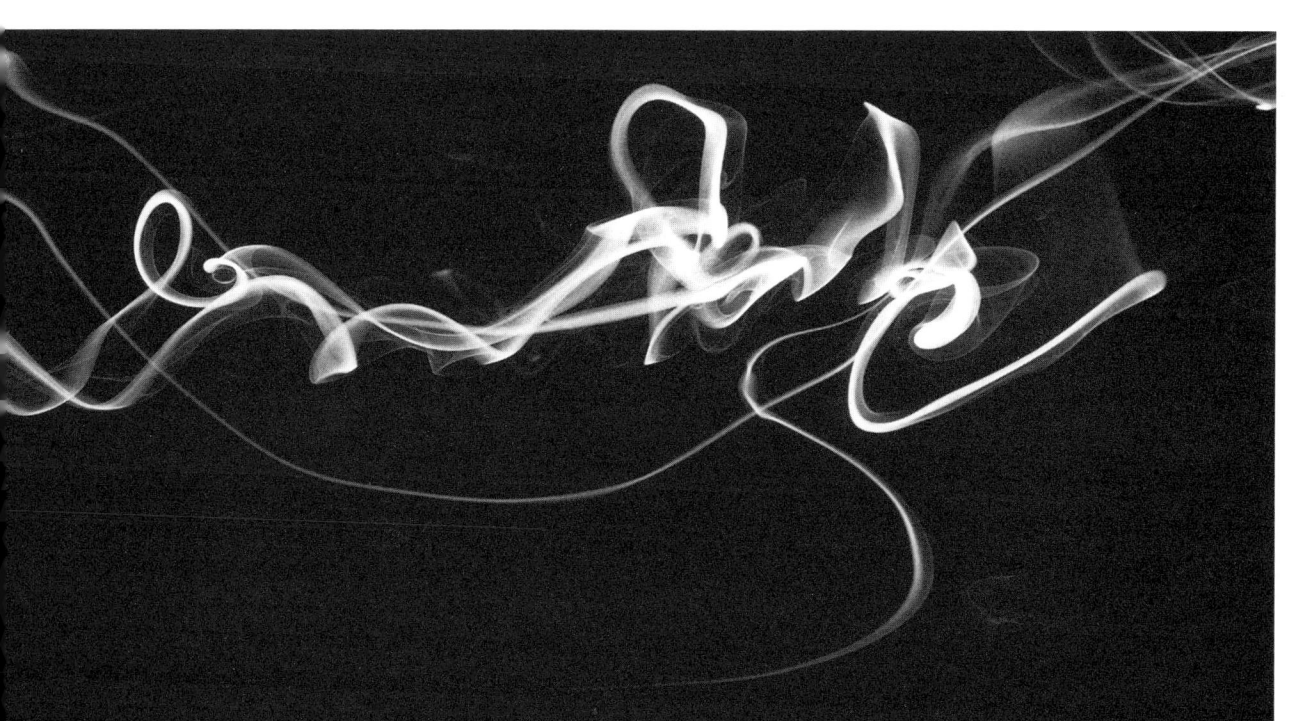

WENN EINER FRAGT, WAS IST DAS WAHRE ZEN,
IST ES NICHT NÖTIG,
DAß IHR DEN MUND ÖFFNET, ES ZU ERKLÄREN.
ZEIGT ALLE ASPEKTE
EURER ZAZEN-HALTUNG. DANN WIRD DER FRÜHLINGS-
WIND WEHEN UND DIE
WUNDERBARE PFLAUMENBLÜTE AUFGEHEN LASSEN.

Daichi Sokei

ZEN IST ZAZEN

ZAZEN ■ EINFACH NUR SITZEN

Zen ist einfach nur sitzen, Zen ist einfach Zazen.
Für viele ist Zen eine asiatische Religion unter vielen anderen.
Aber selbst wenn es im Herzen der ältesten buddhistischen Tradition gewachsen ist, ist es wie Quellwasser, das immer frisch entspringt und sich ständig erneuert. Es ist immer aktuell, immer lebendig, es stellt sich jeden Moment wieder neu her. Zen ist weder eine Folgerung noch eine Theorie, noch eine Idee. Es ist keine Kenntnis, die mit dem Gehirn erfaßt werden könnte, sondern eine Praxis: Zazen, das richtige Sitzen. Wiederherstellung von sich selbst und Verstehen des wahren Selbst, ohne Kargheit, ohne Kasteiung, es ist der wahre Zugang zum Frieden und zur Freiheit.
Die wahre Revolution ist ins Innere unseres Geistes gerichtet, sie wird durch die Zen-Praxis ausgelöst, tiefe Weisheit, deren Essenz wir nicht nur durch logische Gedanken erreichen können.
Zen ist nichts anderes als die Übung von Zazen. *Zen* bedeutet, die Essenz des Universums verstehen, *Za*, sich setzen, ohne sich zu bewegen, wie ein Berg.

**Wenn ihr versteht, daß Zazen das große Tor des Gesetzes ist,
werdet ihr wie der Drache sein, der ins Wasser eintaucht,
oder wie der Tiger, der wieder in seinen tiefen Wald kommt.**
Dogen Kigen

Meister Deshimaru in der Zazen-Haltung.

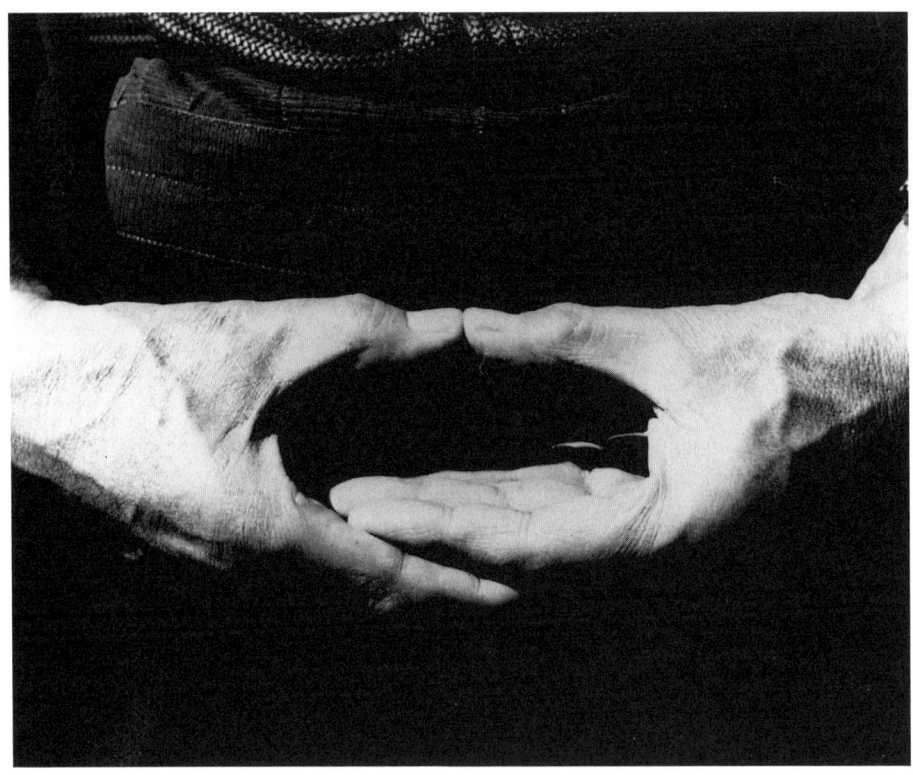

Die Daumen waagerecht: weder Berg noch Tal.

DIE HALTUNG ■ MIT DEM KOPF GEGEN DEN HIMMEL DRÜCKEN

Um Zazen zu üben, setzt man sich auf ein Kissen (*Zafu*), die Beine im Lotus oder im halben Lotus gekreuzt. Das Becken ist nach vorn geneigt, so daß die Knie gegen den Boden drücken. Von dieser Basis aus richtet die Wirbelsäule sich auf, man stößt mit dem höchsten Punkt des Schädels gegen den Himmel. Das Kinn ist zurückgezogen, der Kopf ist gerade, die Schultern locker. Der Blick ist gesenkt. Die Zungenspitze liegt vorn am Gaumen an. Die linke Hand liegt auf der rechten Hand, die Handflächen zeigen nach oben. Die Daumen berühren sich leicht, und sie sind waagerecht. Die beiden Hände liegen auf den Schenkeln, und die Handkanten haben Kontakt zum Unterbauch. Auf diese Weise sind die Bedingungen für die vollständige Unbeweglichkeit geschaffen. Man sitzt in dieser Haltung und konzentriert sich auf die Atmung.

Jedes Detail der Haltung hat eine tiefe Bedeutung. Die Körperteile sind voneinander abhängig und beeinflussen sich gegenseitig. Dank der großen Stabilität der Haltung ist es möglich, lange Zeit unbeweglich zu bleiben. Dadurch hört der Mensch auf, als Mensch zu handeln, und läßt sich vom kosmischen Leben durchdringen.

Zazen ist die erwachsene Form unseres Lebens.

Taisen Deshimaru

Kosmische Atmung.

DIE ATMUNG ■ DAS LAUTLOSE »MUH«

Beim Zazen spielt die Atmung eine wesentliche Rolle. Die Ausatmung ist ruhig, nicht wahrnehmbar und gibt einen langsamen, kräftigen und natürlichen Rhythmus vor. Die Einatmung kommt von selbst. Sie ist kürzer als die Ausatmung.

Während Zazen verlangsamt sich der Atemrhythmus wie auch der Herzrhythmus; das Blut und die inneren Organe werden besser mit Sauerstoff versorgt. Die Ausatmung, die Druck nach unten gibt, auf den ganzen Unterbauch, entwickelt große Energie in Höhe der Taille, der Nierengegend und der Hüften. Der Übende kann diese Atmung im Alltag beibehalten, denn der Körper nimmt sie letztlich an. Die Meister vergleichen die Atmung beim Zazen oft mit dem Muhen einer Kuh oder der Atmung eines Babys, das schreit, wenn es zur Welt kommt.

Die kurze Einatmung und die langsame und kraftvolle Ausatmung sind Zeichen und Ursache von Stärke und Vitalität. Im Gegensatz dazu deutet eine oberflächliche und kurze Ausatmung auf Schwäche und depressive Zustände hin. Wenn die Atmung gut ist, werden alle Dinge des Lebens leicht. Wenn Körper und Geist verbunden sind, fegt eine tiefe, langsame, ruhige, kraftvolle Atmung alle Kompliziertheit des Mentalen weg. Der Geist wird klar wie ein wolkenloser Himmel.

> **Unsere Ausatmung ist die des ganzen Universums. Unsere Einatmung ist die des ganzen Universums. In jedem Augenblick verwirklichen wir auf diese Weise das große unbegrenzte Werk. Diesen Geist haben heißt, alles Unglück zu beenden und das absolute Glück hervorzubringen.**
> Kodo Sawaki

Wenn der Geist bei nichts verweilt, erscheint der wahre Geist.
Diamant-Sutra

DIE GEISTESHALTUNG ■ VORBEIZIEHEN LASSEN

Genauso, wie die richtige Atmung nur aus einer korrekten Haltung hervorkommen kann, fließt die Geisteshaltung ganz natürlich aus einer tiefen Konzentration auf Körperhaltung und Atmung.

Im Zazen ziehen die Bilder, die Gedanken, die mentalen Gebilde, die aus dem Unbewußten entspringen, vorbei wie Schatten vor einem Spiegel und verschwinden auf natürliche Weise. Wenn man persönliche Gedanken nicht unterhält, erscheint, jenseits des Denkens, das *Hishiryo*-Bewußtsein. Dieser Zustand ist nicht der eines speziellen Bewußtseins, sondern die Rückkehr zum ursprünglichen Zustand. Ohne zu versuchen, die Wahrheit zu erreichen oder die Illusionen abzuschneiden, manifestiert sich das universelle Bewußtsein auf natürliche Weise.

Durch die Zazen-Übung kann man verstehen, daß alle Gedanken nichts weiter sind als leere Formen, die kommen und gehen, entblößt von jeder wirklichen Substanz. So erlebt man, daß ein intuitives, ursprüngliches Bewußtsein existiert, radikal verschieden vom gewohnten Bewußtsein des Ich. Wenn man die richtige Haltung beibehält und eine tiefe und ruhige Atmung praktiziert, kann die Wirklichkeit des Lebens gespürt werden, die das ganze Universum durchdringt.

KIN HIN ■ GEHEN AUF DER GROSSEN ERDE

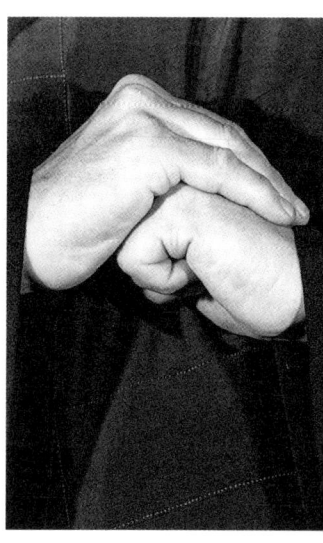

Kin hin übt man zwischen zwei Zazen. Es ist das Gehen im Rhythmus der Atmung. Wie beim Zazen ist die Konzentration auf jeden Aspekt der Haltung wesentlich.

Beim *Kin hin* ist der linke Daumen im Innern der linken Faust eingeschlossen, die Daumenwurzel drückt gegen das Sonnengeflecht. Die rechte Hand umschließt die linke Faust. Die Unterarme sind waagerecht und parallel zum Boden, die Schultern entspannt. Der Rücken ist gerade, das Kinn zurückgezogen, der Nacken gestreckt, der Blick gesenkt in einem Winkel von fünfundvierzig Grad. Während der Ausatmung drückt man mit der Wurzel der großen Zehe des vorderen Fußes und mit dem ganzen Körpergewicht stark auf den Boden, das Knie ist gespannt. Wie beim Zazen ist die Ausatmung lang, tief, geräuschlos und kraftvoll. Sie ruft eine Ausdehnung unterhalb des Nabels hervor und erschafft in der Haltung eine starke Stabilität. Am Ende der Ausatmung entspannt sich der Körper, die Einatmung geschieht ganz natürlich, gleichzeitig macht man einen halben Schritt vorwärts. *Kin hin* entwickelt in uns eine Haltung von großer Würde und Noblesse. Die wiederholte Übung von *Kin hin*, wie auch von Zazen, beeinflußt unser Leben und läßt uns in allen Handlungen des Alltags Gleichgewicht und aufrechten Gang erwerben.

In einem *Dojo* lehrt man die Grundhaltungen, die die Quelle allen Handelns im Alltag werden, wie sitzen, stehen, gehen, liegen – zum Ursprung zurückkehren und sein Leben von diesem Ursprung aus wiedererschaffen. So wird alles die Frucht des Zen.

> *Kin hin* ist vorwärts gehen wie der Tiger im Wald oder der Drache im Meer.
> Das Aufsetzen des Fußes ist sicher und lautlos wie der Schritt eines Diebes.
> Taisen Deshimaru

Kin hin.

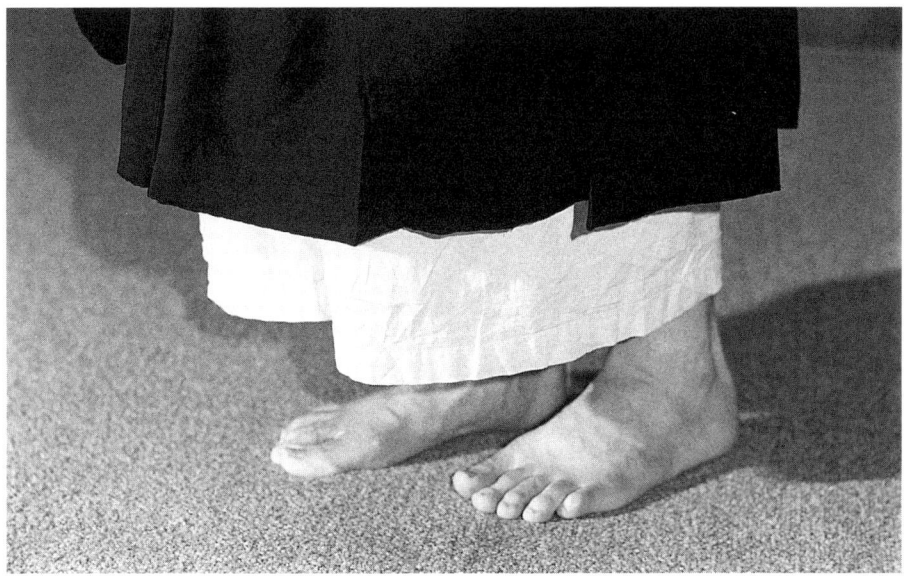

Zusammen üben

DIE DOJO-REGELN ■ SICH MIT DEN ANDEREN IN EINKLANG BRINGEN

Das *Dojo* ist der Ort, wo das *Dharma* gelehrt und geübt wird. *Dharma* ist das kosmische Gesetz, das unsere Welt steuert, und gleichzeitig die Lehre von Buddha, der dieses Gesetz formulierte, nachdem er es in Zazen tief erfahren hatte. Damit man das *Dharma* erlangen kann, muß unsere Individualität ihm Platz machen.

In einem *Dojo* ist es wichtig, sich mit den anderen in Einklang zu bringen, wie Milch und Honig zu sein, die sich vollkommen vermischen. Alle Wesen befinden sich in gegenseitiger Abhängigkeit mit der Umgebung. Im *Dojo* ist dieser gegenseitige Einfluß günstig für jeden Übenden.

Den *Dojo*-Regeln folgen bedeutet, dem Weg folgen. Alles, was hier praktiziert wird, ist das *Dharma*. Durch die Wiederholung der Übung vertieft sich das Verständnis, und je mehr es sich vertieft, um so mehr wird es möglich, die Bedeutung der Regeln und aller Handlungen zu verstehen wie *Gassho* und *Sanpai*. Diese Regeln helfen, eine starke und harmonische Atmosphäre zu erschaffen ohne Formalismus.

In einem *Dojo* sind nur konzentrierte Menschen zugelassen, die den Weg praktizieren wollen, indem sie Zazen üben. Diejenigen, die in einem anderen Geist kommen, müssen darüber nachdenken.

Wenn ihr mit geistigen Freunden im *Dojo* seid, um das große und kostbare Zazen zu praktizieren, dürft ihr diese Gunst nicht vergessen. Sie ist wichtiger als irdische Bindungen, die nicht ewig sind.
Taisen Deshimaru

Wenn der Buddha kommt, gib ihm dreißig Stockschläge. Wenn der Dämon kommt, gib ihm dreißig Stockschläge.

KYOSAKU ■ DER STOCK DER ERWECKUNG

Kyosaku heißt: der Stock, der die Aufmerksamkeit weckt. Er ist beim Zazen eine kostbare Hilfe für die Konzentration.
Wenn der Geist erregt ist, entstehen Spannungen. Wenn Schläfrigkeit auftaucht, wird die Haltung schlaff. Dann ist es möglich, um den *Kyosaku* zu bitten, indem man die Hände in *Gassho* legt.
Der *Kyosaku* wird auf die rechte Schulter gegeben, dann auf die linke Schulter. Er schlägt eine präzis umrissene Körperzone, die reich an Akupunkturpunkten ist, bringt die Energie in Bewegung und erhöht die Konzentration. Er wird mit Respekt gegeben und empfangen, und er dient dazu, den Übenden zur richtigen Spannung von Körper und Geist zurückzubringen.
Der *Kyosaku* hilft, die Illusionen hinter sich zu lassen, und bringt den Geist in eine höhere Dimension. Seit jeher haben die Zen-Meister ihre Schüler auf diese Weise unterstützt. Auf den *Kyosaku* sind Sprüche kalligraphiert wie *Makumozo*: sich keine Illusionen machen.

GASSHO ■ DIE HÄNDE ZUSAMMENLEGEN

Gassho ist eine Geste des Respekts gegenüber den anderen und allem, was existiert. Es führt den Geist über das Ego und über persönliche Werturteile hinaus. Damit erschafft *Gassho* Harmonie zwischen den Lebewesen, so verschieden sie auch sein mögen. Wenn die Handlung richtig ist, wird die Welt richtig. Wenn wir für andere aufrichtig die Hände in *Gassho* zusammenlegen, entsteht Einklang. Wenn wir es für das ganze Universum tun, spüren selbst die Bäume, die Berge und die Flüsse diesen Einklang und geben ihn zurück.

In *Gassho* sind die Hände gegeneinander gelegt, die Handflächen und Finger berühren sich. Die Unterarme sind waagerecht und die Fingerspitzen in Höhe der Nase. Die Position der Hände beeinflußt das Gehirn. Die rechte Hand ist verbunden mit der planenden, rationalen Gehirnhälfte. Die linke Hand entspricht der Welt der Intuition, der unsichtbaren, geistigen Welt. Die in *Gassho* zusammengelegten Hände lassen die Einheit zwischen Ego und Kosmos, zwischen dem Materiellen und dem Geistigen entstehen.

Als ich während des Krieges in China war, waren meine Hände, wohin ich auch ging, in *Gassho*. Wenn jemand die Hände in *Gassho* zusammenlegt, macht jener, der ihm begegnet, dasselbe. Wenn ich die Faust geballt oder einen Revolver in der Hand gehabt hätte, wäre das niemals geschehen. In *Gassho* gehen heißt, aufhören zu schießen.
Kodo Sawaki

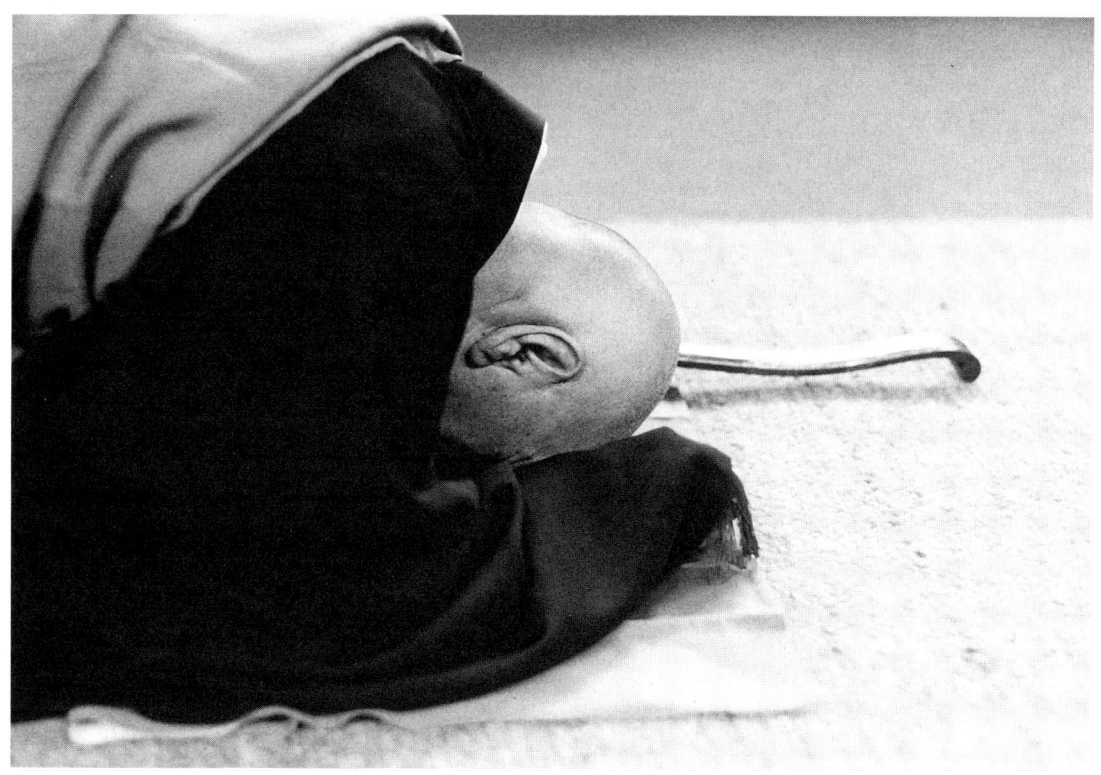

SANPAI ■ ALLES AUFGEBEN

Sanpai: sich dreimal niederwerfen. Dadurch, daß man sich niederwirft, gibt man das Ego auf. Der Mensch neigt dazu, die Welt erobern und beherrschen zu wollen. Aber manchmal muß er auch zur Erde zurückkommen. Diese universelle religiöse Geste spiegelt die Demut gegenüber der Natur und dem ganzen Kosmos wider.
Nach dem Zazen werfen sich Schüler und Meister zusammen nieder. Sie harmonieren und werden ein einziger Geist. *Sanpai* überschreitet den abgegrenzten persönlichen Aspekt des Menschen und öffnet ihn für eine höhere Dimension.
Die Überlieferung berichtet, daß Bodhidharma einmal seine Schüler prüfen wollte und sie nach ihrem Verständnis des Zen fragte. Drei von ihnen gaben sehr kenntnisreiche Antworten. Aber Eka machte nur *Sanpai*, ohne ein Wort. So waren Meister und Schüler vereinigt im *Dharma*. Eka wurde sein Nachfolger.

> Den ganzen Körper einzusetzen für das Universum ist unsere heilige Praxis. Ihn einzig für das Ego einzusetzen heißt, nur das zu tun, was die Vögel tun, die Hunde, die Katzen – und die Fleischmaden.
> Kodo Sawaki

GUEN-MAI ■ DIE ESS-SCHALE DES MÖNCHS

Guen-mai, die traditionelle Reissuppe, essen die Mönche nach dem Morgen-Zazen und der Morgenzeremonie. Sie wird in großer Konzentration eingenommen. Jede Geste wird mit Aufmerksamkeit ausgeführt. Es soll keinen Unterschied mehr geben zwischen sich und der *Guen-mai*. Subjekt und Objekt verschmelzen.

Meister Dogen sagt: »Wenn die *Guen-mai* wahrhaftig ist, werden alle Dinge wahrhaftig. Wenn alle Handlungen des Lebens wahrhaftig sind, wird auch die *Guen-mai* wahrhaftig.

Das heißt, daß es keinerlei Unterschied zwischen beiden gibt. Wenn alle Dinge von derselben Natur wie das *Dharma* werden, nimmt auch die *Guen-mai* die Natur des *Dharma* an. Wenn alle Dinge die Wahrheit sind, wird die *Guen-mai* auch die Wahrheit.

Deshalb ist die *Guen-mai* der Ausdruck der Ganzheit, und deshalb wird diese Tradition von den Buddhas und den Patriarchen bewahrt.«

In einem Weizenkorn habe ich das ganze Universum eingeschlossen.
In meinem Topf koche ich Berge und Flüsse.

Taisen Deshimaru

DAS LEBEN IM TEMPEL

GYOJI ■ DIE ÜBUNG WIEDERHOLEN

Gyoji bedeutet, die Übung fortsetzen.
Wiederholen, ohne Ziel, ohne Ende, das heißt, der kosmischen Ordnung folgen wie die Sonne, die die Erde erhellt, ohne von irgend jemandem etwas zu fordern. Auf diese Weise haben alle Meister den Weg gesucht, und dieser liegt in der Übung selbst. Die starke Handlung, die weder von einem selbst noch von den anderen abhängt, verwirklicht den Weg Buddhas, auch wenn sie darin besteht, die einfachsten Aufgaben des Alltags zu wiederholen, wie zum Beispiel Gemüse schneiden oder die Toiletten putzen. Dieses Wiederholen beeinflußt den Körper und alle Gehirnfunktionen. So bescheiden sie auch sein mag, die Erfahrung von *Gyoji* hinterläßt eine tiefe Spur. Davon haben zahlreiche Meister ein Beispiel gegeben, das lange Zeit und in die Zukunft hinein wirkt. Wenn man ihrem *Gyoji* folgt, »kommen Glück und Gedeihen ins Land für tausend Herbste und verbreiten ihre Wohltaten über zehntausend Generationen«.

Wenn man Tag und Nacht den Regeln und der Erfahrung der Buddhas und Patriarchen folgt, stellt man fest, daß es in ihrer Unterweisung keinen Unterschied gibt. Und wenn man diese Regeln ein oder zwei Jahre lang respektiert, wird das ganze Leben genauso wie das, was man einen Tag und eine Nacht geübt hat.
Dogen Kigen

Aufwachen, jeden Morgen.

Sesshin im Tempel La Gendronnière.

Nach dem Zazen.

> In unserer verwirrten Welt Zazen zu üben bedeutet, zur wahren
> Dimension des Menschen zurückzukehren und das grundlegende
> Gleichgewicht seiner Existenz wiederzufinden.
> Taisen Deshimaru

SESSHIN ■ VERTRAUT WERDEN MIT SICH SELBST

Seit der Zeit von Buddha Shakyamuni sind die *Sesshins* das Herz des Zen.

Es handelt sich um eine Periode, die der intensiven Zazen-Übung gewidmet ist, dazwischen *Mondo*, *Samu* und Mahlzeiten. *Sesshin* heißt, »den wahren Geist berühren«, mit sich selbst vertraut werden, mit seinem eigenen Körper und mit seinem Geist. Es bedeutet, seinen Egoismus aufgeben und sich in Einklang bringen mit den anderen, der Natur, der kosmischen Ordnung.

Die Handlung aller Buddhas wird nicht nur durch Zazen verwirklicht, sondern auch in jedem Verhalten, in allen Handlungen des Alltags. Während eines *Sesshin*, dessen Dauer zwischen einem und mehreren Tagen variiert, ist jede Handlung die Fortsetzung von Zazen. Alle Handlungen sind von dieser Übung belebt, die deren Quelle ist.

Zazen, die Arbeit, die Mahlzeiten, der Schlaf sind der Ring des Weges (*Dokan*), ohne Anfang, ohne Ende. Zen besteht darin, sich auf jede Handlung intensiv zu konzentrieren, völlig in der Gegenwart zu leben. Wenn man an *Sesshins* teilnimmt, kann die Zazen-Übung im alltäglichen Leben verwirklicht werden. Wenn man sich auf einen Punkt nach dem anderen konzentriert, formt unser Leben eine harmonische Linie. Zen ist die Unterweisung der Ewigkeit, Ewigkeit, die nichts anderes ist als die Abfolge von Augenblicken.

Was ist die Essenz des *Satori* von Bodhidharma? Es ist, wie in der Dämmerung im Tempel den Klang der großen Glocke zu vernehmen, oder den Klang der Trommel. Es ist der Zustand, wo die Töne und der Hörende eins werden.

Taisen Deshimaru

EIN TAG ÜBUNG ■ DER KLANG DER GLOCKE

Während eines *Sesshin* begleiten die Klänge den Ablauf aller Handlungen des Tages. Sie antworten einander im Herzen der Stille als Echo der einzigartigen Geräusche der Natur: Wind, Regen, Gesang der Vögel. Sie durchdringen den Geist und bereiten ihn vor, ohne ihn zu stören. So wird die Stille bewahrt, der gleiche Geist wie beim Zazen. So kann sich der Kontakt mit den anderen und mit sich selbst vertiefen, der ursprüngliche Geist erscheint.

Der Tag beginnt mit der Weckglocke. Der dafür Verantwortliche läuft sehr schnell mit der Glocke durch den Tempel. Dann wird das »Holz« geschlagen, um ins *Dojo* zu rufen, mit Serien von Schlägen, die immer schneller werden und an die Zeit erinnern, die vergeht, an die Unbeständigkeit, *Mujo*. Draußen ertönt die große Glocke in einem regelmäßigen Rhythmus, um die Konzentration der Übenden während Zazen zu unterstützen. Am Ende desselben zeigt die Trommel die Stunde an. Die Küche ruft zum Essen mit dem Klang des »Metalls«, das »Holz« des *Dojo* antwortet. Der Ton von Schlaghölzern kündigt die Bettruhe an. So läuft der Tag ab, im Rhythmus von Klängen.

SAMU ■ EIN TAG OHNE ARBEIT, EIN TAG OHNE ESSEN

Samu ist Arbeit mit der Konzentration von Zazen. Alle Meister in der Linie der Weitergabe und besonders Meister Hyakujo (720-814) haben auf der Wichtigkeit von *Samu* bestanden. Hyakujo hatte selbst im hohen Alter die Gewohnheit, sich mit seinen Schülern an der täglichen Arbeit auf den Feldern zu beteiligen. Eines Tages versteckten sie seine Arbeitsgeräte, weil sie fanden, daß ihr Meister sich schonen sollte. Hyakujo erklärte: »Ein Tag ohne Arbeit, ein Tag ohne Essen.« Und er hörte auf zu essen, bis ihm seine Schüler das Werkzeug wiedergaben.

Die Arbeit wird im Zen als etwas sehr Kostbares angesehen, weil man durch sie den Weg in der Handlung üben kann. In einem Tempel wechselt die Zazen-Übung mit *Samu* ab, was den Unterhalt und Betrieb des Tempels sicherstellt sowie den Ablauf der *Sesshins*.

Zazen bringt große Energie hervor. Wie soll man sie gebrauchen? In welcher Richtung? Das *Samu* besteht darin, sich Mühe zu geben ohne den Gedanken an eine persönliche Entlohnung.

Wenn man Zazen macht, macht man Zazen. Wenn man ißt, ißt man. Wenn man arbeitet, arbeitet man. Wenn man schläft, schläft man.

DIE ZEREMONIE ■ MIT DEM KÖRPER DENKEN

Den Weg Buddhas kann man nicht von außen studieren, sondern nur durch den eigenen Körper und Geist. Das richtige Verstehen überträgt sich durch die Übung und muß sich in allen Handlungen des täglichen Lebens widerspiegeln. Allein durch Bücher verstehen zu wollen führt zu einer relativen Kenntnis. Es ist wesentlich, daß der Geist wieder in den Körper kommt. Der Körper besitzt seine eigene Weisheit. Wenn der Geist ruhig ist, kann der Körper spontan handeln. Alle großen Meister haben den Weg erreicht, indem sie den Körper und den Geist gemeistert haben. Zazen wird mit einer Zeremonie beendet. Jede Handlung der Zeremonie, wie Räucherstäbchen anzünden oder die *Sutras* singen, hat einen tiefen Sinn. Es ist ein Gebet mit dem Körper. Bei der Zeremonie ist es nicht nötig, von seinem Denken aus zu handeln. Ein alter Text besagt:

»Wenn Handlungen, sogar gute, aus einem verdunkelten Bewußtsein kommen, bringen sie nur ein begrenztes Glück in die Welt. Wenn im Gegensatz dazu das Licht des *Samadhi* von Zazen die persönlichen Gedanken erlöschen läßt, wird die kleinste Handlung davon erleuchtet sein, denn sie wird hervorgebracht, bevor jegliche Beurteilung einsetzt.«

Die Zeremonie wäre ohne Zazen formalistisch wie eine Blume ohne Duft. Indessen gibt sie der Übung eine religiöse Dimension, verfeinert den Geist und macht das Verhalten fein und edel. Die Haltung beeinflußt den Geist. Das Wiederholen der Zeremonie prägt das ganze Wesen und wird zu einer tiefgreifenden Erziehung, die in den Alltag hineinreicht.

Die natürliche Schönheit des Körpers ist die Widerspiegelung der Geübtheit des Geistes in der Konzentration auf die Gesten.
Taisen Deshimaru

Zeremonie im Tempel La Gendronnière.

VON MEINER SEELE ZU DEINER SEELE

DIE TRADITION ■ DAS MARK DER PATRIARCHEN

Zen hat die Tradition immer geachtet und bewahrt seit der Zeit Buddhas, ohne jemals davon abzuweichen. Dabei ist Zen immerfort schöpferisch, es gleicht sich allen Orten und allen Zeiten an. Es ist frisch wie eine sprudelnde Quelle.

Was ist diese Tradition? Es ist die Buddha-Natur, die Essenz des Geistes, die sich im Lauf der Jahrhunderte vom Meister auf den Schüler übertragen hat, jenseits der Worte *i shin den shin*, von meiner Seele zu deiner Seele.

Zen hat sich von Indien nach China, von China nach Japan und von Japan in den Westen fortgesetzt. An jedem neuen Ort erfuhr es neuen Aufschwung. Es vermeidet die übertriebene Berücksichtigung von Äußerlichkeiten und versteinerten religiösen Formen. Zen ist Schöpfung von der Essenz aus, die in der Tradition enthalten ist. Es regeneriert sich ohne Unterlaß, hier und jetzt.

Zen-Meister haben die herkömmlichen Regeln oft überschritten, um ihre Schüler zu erziehen. Sie waren vollkommen frei, jenseits jeder Form. Dennoch respektierten und befolgten sie die Tradition.

Eines Tages fragte jemand Meister Deshimaru: »Was bedeutet die Buddha-Statue auf dem Altar?«

Meister Deshimaru schlug mit seinem Stab auf die Statue und sagte: »Sie ist überhaupt nicht wichtig. Es ist nur Holz, man könnte sie verbrennen. Trotzdem verbeuge ich mich jeden Morgen vor ihr, in tiefem Respekt, denn sie verkörpert die Buddha-Natur.«

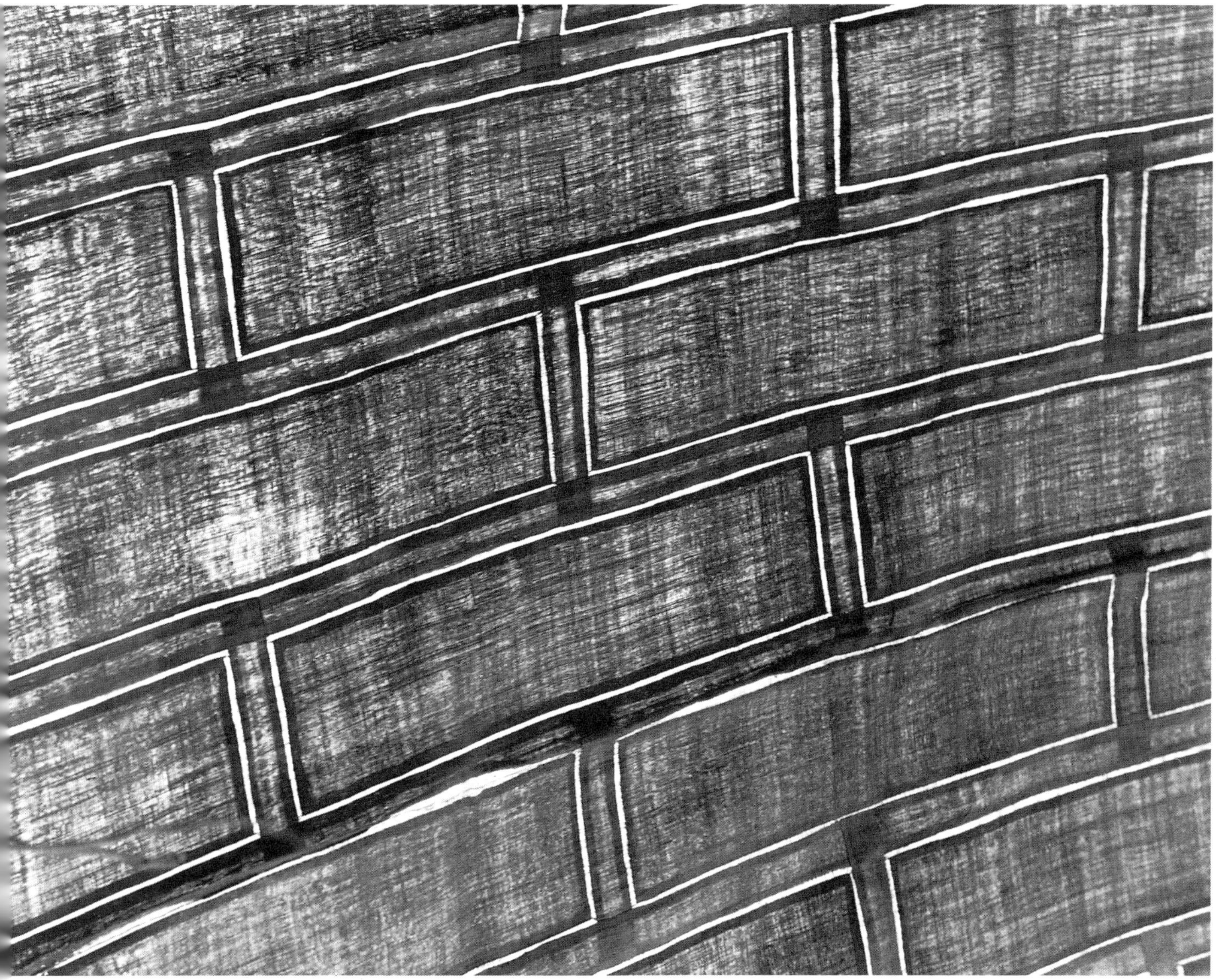

Das *Kesa*, Sinnbild der Übermittlung.

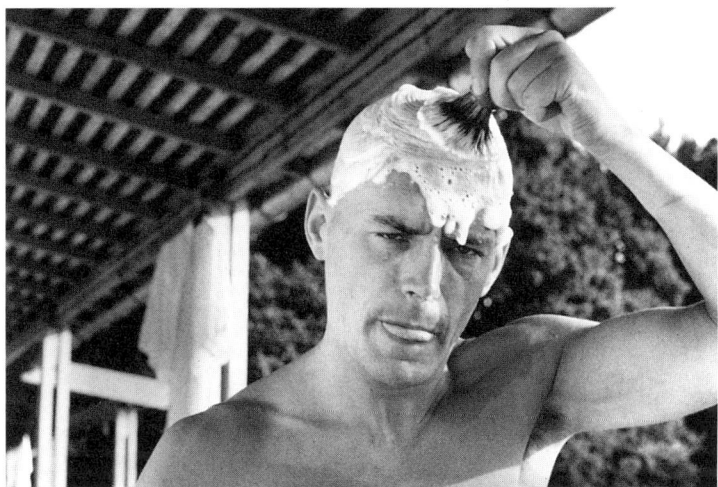

Sich den Kopf rasieren: Die Illusionen abschneiden.

Früher...

...wie heute.

DAS KESA ■ DAS KLEID DES SATORI

Kesa (japanisch) bzw. *Kasaya* (Sanskrit) bedeutet Ockerfarbe, Erdfarbe. Es ist das Kleid des Zen-Mönchs, Symbol der Weitergabe von Meister zu Schüler, Sinnbild des spirituellen Lebens.

Nachdem er unter dem *Bodhi*-Baum das *Satori* gehabt hatte, sammelte Buddha Shakyamuni alte Leichentücher auf, wusch sie, färbte sie und nähte sie zusammen. So fertigte er das erste *Kesa* und legte es an, um Zazen zu machen. Dieses *Kesa* wurde weitergegeben an Mahakashyapa, dann von Patriarch zu Patriarch, von Bodhidharma bis heute. Dogen schreibt: »Das *Kesa* ist das Herz des Zen, sein Mark und seine Knochen.«

Das *Kesa*, das aus Streifen rechtwinklig aneinandergenähter Stoffstücke zusammengesetzt ist, womit es an Reisfelder erinnert, soll von dunkler Farbe sein, annähernd erdfarben. Je mehr Streifen es hat, desto ehrwürdiger ist es. Das beste *Kesa* ist dasjenige, das aus benutzten Stoffen angefertigt ist; auf diese Weise werden sie zum edelsten Gewand. Es ist nicht nur ein Gewand, sondern das Symbol des Zen-Geistes. Wenn man es anlegt und Zazen praktiziert, verwandelt sich das schlechte *Karma* in gutes *Karma*. Der Mensch wird Buddha. Das Tragen des *Kesa* läßt einen sich selbst spiegeln und sein eigenes Bild sehen. Die Zazen-Haltung wird stark und drückt Schönheit und Würde aus. Zazen und *Kesa* sind in Einheit wie die beiden Flügel eines Vogels. Es gibt viele Namen, um es zu benennen: Körper Buddhas, Geist Buddhas, Kleid des Ungeformten, des Unendlichen, der Geduld, Kleid des großen Mitgefühls, Gewand des *Satori*...

> **Winternebel und Herbstnebel, Tau, Wolken, Frühlingsregen sind das wahre *Kesa*, das unseren Körper umhüllt.**
> Yoka Gengaku

Sich auf jeden Punkt konzentrieren.

Übergabe des *Kesa*.

Die Blüte öffnet sich leicht und wohlig, wenn sie der Sonne zugewandt ist.
Wo die Sonne nicht hinkommt, hat es der Schnee schwer zu schmelzen.
Wenn man in Windrichtung ins Feuer bläst, sind die eigenen Kräfte unnütz.
Taisen Deshimaru

DIE ORDINATION ■ DIE WEITERGABE DES KESA

Wenn jemand den Weg Buddhas vertiefen möchte, kann er die Ordination erbitten und das *Kesa* erhalten.

Die Ordination bedeutet, der Körper und der Geist Buddhas zu werden, der unsere wahre Natur ist. Es wird möglich, sein persönliches Ego loszulassen, sich zu entblößen, um sich dem kosmischen Leben zu öffnen, die Wurzel des *Karma* abzuschneiden, sich der ununterbrochenen Linie der Buddhas anzuschließen und Buddha in sich selbst zu berühren. Man unterscheidet zwei Arten von Ordination: die zum *Bodhisattva* und die zu Nonne oder Mönch. Der *Bodhisattva* übt den Weg, wobei er ganz im gesellschaftlichen Leben bleibt, um anderen zu helfen. Traditionell scheren sich Nonnen und Mönche den Kopf und leben in einem Tempel. Aber das Wichtigste ist der innere Geist des einzelnen. Unser eigener Körper muß ein Tempel sein. Auch eingetaucht in die Phänomene des Lebens, kann man ohne Anhaftung sein, das Leben von einer höheren Ebene aus betrachten, kann man leben wie ein wahrer Mönch.

Meister Dogen sagt: »Selbst wenn ihr in eurem Leben auf Schwierigkeiten stoßt, die Verdienste der Ordination werden sicherlich in der Zukunft erscheinen.«

Durch die Erfahrung und das Verständnis des Lebens von Zazen aus kann das *Karma* gelöst werden. So wird sich der Mensch auf natürliche Weise erwecken wie eine Blume, die in der Frühlingssonne aufblüht.

Kesa-Zeremonie.

DIE GEBOTE, KAI ■ RICHTIG LEBEN

Was Zen betrifft, so sind seine Gebote nicht moralisierend. Sie stellen vielmehr die Norm des Lebens dar. Sie entsprechen der natürlichen Ordnung, einer ursprünglichen Moral. Sie nicht respektieren heißt, der kosmischen Ordnung nicht folgen, schlechtes *Karma* erzeugen. Die *Kai* andererseits wortwörtlich nehmen, schwächt den Geist und läßt ihn Elan und Handlungsfähigkeit verlieren: Man muß die wahre Freiheit des Geistes finden und gleichzeitig die *Kai* befolgen. Für den Menschen ist es das Wichtigste, das kosmische Leben zu respektieren. Zazen ist das größte *Kai*, denn es schließt alle anderen ein. Wenn in allem Handeln des Lebens die Geisteshaltung die gleiche bleibt wie im Zazen, ist unser Tun auf natürliche Weise richtig. Wenn das Gehirn in seinem normalen Zustand ist, friedlich, so ist das ganze kosmische System unsere Wirklichkeit. Die wahre Weisheit verkörpert sich von *Ku* aus, und das Verstehen der *Kai* entsteht aus dieser Weisheit ganz natürlich.

DIE ZEHN KAI:

☐ Nicht töten, jedes Leben, alle Wesen respektieren. Es handelt sich nicht nur um körperliches Handeln. Man kann auch mit dem Blick töten, mit dem Wort, dem Gedanken... Die Zazen-Übung läßt einen verstehen, daß der Himmel und die Erde dieselbe Wurzel haben, daß alle Wesen ein einziger Organismus sind. Durch dieses Verstehen verschwindet jedes Verbrechen, aller Haß, alle Eifersucht, aller Unwille.

☐ Nicht stehlen, sich nichts aneignen, was uns nicht gehört. Alles ist eins, einen Teil für sich nehmen wollen heißt, sich von der Ganzheit trennen. Durch Zazen wird uns klar, daß sogar unser eigener Geist nicht in Beschlag genommen werden kann. Alles gehört zur Ganzheit, von der wir selbst ein Teil sind. Letzten Endes kann man nichts besitzen, nicht einmal den eigenen Körper.

☐ Nicht lügen, vor allem sich selbst nicht belügen. Zazen ist ein stilles Bekenntnis. Es läßt einen sehen, was wahr ist.

☐ Keine schlechte Sexualität haben, nicht pervers sein. Zen verbietet die Liebe nicht. Man muß die wahre Liebe finden. Pervers sein heißt, die Menschen als Objekte zu sehen. Im Zazen entwickelt sich ganz natürlich die wahre Liebe zu allen Lebewesen.

☐ Sich nicht berauschen, keine Drogen nehmen. Sich nicht vergiften durch Egoismus. Das heißt auch: sich keinen Täuschungen hingeben. Die Zazen-Übung ist ohne Illusion.

☐ Nicht kritisieren, nicht schlecht reden, um sich selbst aufzuwerten. Es heißt: Kritisieren ist wie gegen den Wind spucken. Leute, die so handeln, sind bei den anderen nicht beliebt. Aber positive Kritik, um zu helfen, kann gut sein. Im Zen sind die anderen, man selbst, Buddha, Gott in Einheit.

☐ Sich nicht bewundern und dabei die anderen verachten. Sich nicht vergrößern. Im Zazen gibt es keinen Unterschied zwischen Innen und Außen. Die Einstellung wird bescheiden.

☐ Nicht geizig sein, gierig, sondern die Hände öffnen, geben. Wenn wir geben, können wir das ganze Universum erhalten. Durch Geiz erhält man nichts. Das ist *Mushotoku*, ohne Ziel, ohne Begehren.

☐ Nicht wütend werden, nicht besessen sein. Allerdings kann wütend werden ein Mittel sein, den anderen zu helfen, sie den Weg zu lehren, jenseits von Gefühlen von Liebe oder Haß.

☐ Keine Blasphemie, nicht die drei Schätze kritisieren: den reinen Geist (Buddha), die Lehre (*Dharma*) und die, die den Weg praktizieren (*Sangha*). Das bedeutet aufhören mit unserem Ego, unseren persönlichen Ansichten und dem kosmischen Leben folgen.

Man muß die grundlegende Moral des Menschen bewahren. In unserer Gesellschaft ist sie völlig untergegangen, daher die aktuelle gefährliche Krise der Welt, die das vergessen hat. Es ist wichtig, diese grundlegende Moral, die der tiefen Natur der Menschen entspricht, zu respektieren.
Taisen Deshimaru

Dem kosmischen Leben folgen.

Mu, Nichts.

KARMA ■ DIE SAMEN DES LEBENS

Das aus dem Sanskrit stammende Wort *Karma* bedeutet Handlung, aber dieser Begriff enthält noch andere Aspekte.

Zunächst einmal betrifft er die Handlung, die hervorgebracht wird, sei es vom Körper, sei es durch das Wort, sei es vom Geist.

In der Gegenwart ist das *Karma* mit einem Samenkorn vergleichbar, das in sich selbst das Potential der Zukunft enthält und somit ein neues *Karma* hervorbringt. Die Früchte des *Karma* werden in Form von Glück oder Unglück geerntet, der Natur der begangenen Handlungen entsprechend.

Normalerweise unterschätzen die Menschen die Tragweite ihrer Gesten, ihrer Worte und ihrer Gedanken. Sie erkennen nicht die Früchte dessen, was sie gesät haben. Die Unbeweglichkeit, die Stille und das *Hishiryo*-Bewußtsein des Zazen sind die idealen Bedingungen für die Nicht-Produktion von *Karma*; sogar die Gedanken, die aufkommen, hinterlassen keine Spuren. Andererseits kann ein Mensch aufgefaßt werden als die Summe aller Konsequenzen seiner Handlungen in diesem gegenwärtigen Leben und in seinen vergangenen Leben; sie drücken sich beispielsweise in den Erbanlagen aus. Schließlich ist jeder in dieser Welt der Kette der Ursachen und Wirkungen unterworfen, der Abfolge von Wiedergeburten und Tod, was man das karmische Gesetz nennt. Dies ist weder Schicksal noch Verhängnis, denn in jedem Augenblick hat jeder die Freiheit, diese Kette zu zerbrechen. Jenes Gesetz übt auf jeden Menschen eine starke Macht aus, die Macht des *Karma*. Diese läßt uns dem folgen, was wir lieben, und vermeiden, was wir verabscheuen; auf diese Weise setzt die Unwissenheit sich fort. Das *Hishiryo*-Bewußtsein des Zazen eröffnet den Zutritt zu dieser Kenntnis, und so kann der Mensch sein *Karma* unbewußt umwandeln. Je mehr sich ein Wesen zu dieser Wahrheit erweckt, desto größer sind seine Autonomie und seine Freiheit und desto richtiger seine Handlungen.

Zur Zeit Buddhas lebte ein Weiser, der die Fähigkeit hatte, den Menschen zu sagen, wo die ihnen Nahestehenden sich nach ihrem Tode befinden. Er untersuchte ihren Schädel und verstand dadurch ihr *Karma*. Eines Tages traf er Buddha. Dieser wollte ihn prüfen und präsentierte ihm den Schädel eines seiner Schüler, der kürzlich in der Zazen-Haltung gestorben war. Der Weise konnte das *Karma* dieses Mönches nicht erkennen. Da sagte Buddha zu ihm: »Mein Schüler lebt dort, wo es weder Tod noch Leben, noch Anfang, noch Ende gibt. Für ihn gibt es keinen speziellen Ort, wohin er zu gehen hätte.«

> **In unserer Welt der Erscheinungen existiert einzig das Gesetz von Ursache und Wirkung, dessen Kenntnis dazu führen sollte, mit Umsicht zu handeln.**
> Taisen Deshimaru

VERSTEHEN DURCH SICH SELBST

MONDO ■ MAN KANN DEN WIND NICHT ANBINDEN

Das *Mondo* ist der Moment, in dem der Schüler dem Meister Fragen stellen kann. Die Atmosphäre eines *Mondo* hat gleichzeitig Heiterkeit und Tiefe, Freiheit und Gewichtigkeit. Die Antwort des Meisters geht immer weiter als der Anlaß der Frage und nimmt manchmal eine rätselhafte und auf den ersten Blick irreführende Form an. Der Meister zielt darauf, die tiefe Weisheit des Schülers zu wecken, anstatt eine erklärende Antwort zu geben.

In einem *Mondo* richtete sich Meister Rinzai an seine Schüler und sagte: »Als ich bei meinem Meister Obaku war, schlug mich dieser von Zeit zu Zeit. Heute habe ich Lust, mich an den Geschmack seines Stocks zu erinnern. Ist in dieser Versammlung ein freier Mann, der das tun könnte?«

Ein Schüler erhob sich und kam auf Rinzai zu, der ihm seinen Stock hinhielt. Noch bevor der Mönch danach fassen konnte, schlug ihn der Meister: »Du hättest nicht zögern dürfen!«

Ein Schüler verliebte sich in die Sekretärin von Meister Deshimaru. Immerzu trieb er sich bei ihr herum und verwickelte sie in endlose Diskussionen. Der Meister ließ ihn rufen und rügte ihn:

»Stören Sie meine Unterweisung nicht!«

»Ich störe Ihre Unterweisung nicht!«

Daraufhin befahl der Meister seiner Sekretärin, die Mitschriften holen zu gehen, die sie von der mündlichen Unterweisung gemacht

Frage und Antwort zwischen Meister und Schüler.

hatte, und legte sie neben den Stapel einer anderen Sekretärin. Der Unterschied der Stapelhöhe war frappant.
»Sehen Sie, daß Sie meine Unterweisung stören!«
»Gegen Gefühle der Liebe kann man nichts tun«, antwortete der Schüler.
Der Meister schlug ihn und brüllte:
»Sie sind nicht besser als ein Hund!«
Am anderen Tag, als der Schüler dem Meister in einem Flur des Tempels begegnete, warf er sich nieder und sagte:
»Entschuldigen Sie mich bitte, Meister, ich bin wirklich schlecht!«
Als er sich erhob, wurde er gewahr, daß der Meister ebenfalls *Sanpai* machte, wobei dieser sagte: »Ich bin nicht besser.«

> **Das Aufgeben des Denkens und der Sprache führt uns über alles hinaus. Wenn man Sprache und Denken nicht aufgeben kann, wie dann den Weg lösen?**
> Sosan

> Mitgefühl auszuüben berührt selbst das Gras und die Bäume. Wo die Tugend im Überfluß entspringt, verströmt das Meer ein Hohes Lied.
> Taisen Deshimaru

DAS MITGEFÜHL ■ EIN HOHES LIED

Die Liebe hat viele Formen. Das Mitgefühl, die universelle Liebe, ist die höchste. Das wahre Mitgefühl bewirkt, daß man mit dem Geist des andern eins wird. Alle Wesen haben dieselbe Wurzel, die in der Beziehung zum andern gespürt werden kann. Das Glück des andern wird unser Glück, und unser Glück wird das des andern. So ist der Geist des *Bodhisattva*, der mit der ganzen Welt in Harmonie lebt. Er legt anderen keine Verpflichtungen auf, er stimmt sich ein, aber innerlich bezeugt er Festigkeit und Beharrlichkeit. Ohne diese innere Stärke bringt das Mitgefühl keine wahre Hilfe. Das Mitgefühl ohne Weisheit ist schwach, die Weisheit ohne Mitgefühl ist gefährlich.
Ein alter Meister liebte es, abends in einem nahen Dorf spazierenzugehen. Eines Tages hörte er lautes Klagen aus einem Haus dringen. Er trat leise ein und begriff, daß der Vater tot war und die Familie und die Nachbarn deshalb weinten. Er setzte sich und weinte mit ihnen. Ein alter Mann erblickte ihn und bemerkte überrascht, daß der Meister weinte:
»Ich hätte gedacht, daß Ihr wenigstens über diesen Dingen stündet.«
»Aber das ist es ja, was mich über sie hinaushebt«, erwiderte der Meister mit einem Schluchzen.

DIE GABE, FUSE ■ DIE HÄNDE ÖFFNEN

Der Mensch will immer haben: Geld, Gegenstände, Kräfte... Selbst in der Liebe will er den anderen besitzen. So erscheinen die Konflikte. Das Ego will für sich selbst, um sich zu vergrößern. Aber sowie es etwas besitzt, muß es sich schlagen, um es zu verteidigen. Denn in Wahrheit gehört alles zur Ganzheit. Für sich nehmen wollen heißt, den Krieg erklären; besitzen wollen bringt viele Leiden mit sich. Wir können die Dinge benutzen, wir können sie nicht besitzen. Sogar unser Körper gehört uns nicht: Bei unserem Tod kehrt er zum Kosmos zurück. In unserer Art und Weise zu geben, passiert es uns oft genug, daß wir berechnen: Mehr oder weniger... ich werde geehrt werden... ich werde ins Paradies kommen...

Die wahre Gabe öffnet uns und vereinigt uns mit der Gesamtheit. Ohne Gedanken an Nutzen, *Mushotoku*. Die größte Gabe geschieht, ohne etwas zurückzuerwarten, wenn man vergißt, wem man gibt, wer gibt und was man gibt.

Sanpai machen ist eine Gabe: Aufgeben des Körpers und des Geistes. Man kann den anderen auch ein Gefühl von Sicherheit, Vertrauen, Erleichterung geben durch ein Wort, durch ein Lächeln oder sogar durch einen einzigen Blick. Im Gegensatz zum Nehmen erhebt uns das Geben, und diese Größe breitet sich ins ganze Universum aus.

> Die Erde und der Himmel geben. Die Luft, das Wasser, die Pflanzen, die Tiere, die Menschen, alle machen sich gegenseitig Gaben. Wir leben in einem gegenseitigen Austausch von Gaben. Es ist ohne Bedeutung, ob jemand dankbar ist oder nicht.
> Kodo Sawaki

SHIN JIN DATSU RAKU ■ KÖRPER UND GEIST AUFGEBEN

Eines Tages, als Dogen in Zazen saß, schlief sein Nachbar ein. Meister Nyojo brüllte mit lauter Stimme:
»Zazen ist den Körper und den Geist aufgeben. Warum schlaft Ihr?«
Er schlug den Schüler heftig, so daß dieser von seinem Sitz fiel. Dogen hatte einen großen Schock. Als er diese Worte hörte, machte sein Geist eine innere Revolution durch. Er gab das Bewußtsein seines Ego auf und erweckte sich vollständig. Dogen ging zu Nyojo und sagte ihm:
»Ich habe Körper und Geist abgeworfen (*shin jin datsu raku*).«
Nyojo antwortete ihm:
»Körper und Geist sind abgeworfen (*datsu raku shin jin*).«
Durch die unbewegte Übung von Zazen hört der Einfluß der Vergangenheit auf, ein Problem zu sein. Körper und Geist kommen zum

Die Handlung entspringt spontan.

normalen Zustand zurück, zum Nullpunkt. Es ist die Rückkehr zum Bewußtseinszustand ohne Verhaftungen. Körper und Geist sind also nicht mehr nur noch auf uns selbst beschränkt; das wahre Leben kann sich erschaffen, wo die Weisheit spontan entspringt.
Die Freiheit verwirklicht sich, wenn die Verhaftung an das Ego aufgegeben ist.

> Wenn wir den Körper und den Geist aufgeben und vergessen, können wir in das Haus Buddhas eintreten. Die Handlung wird aus dem Körper Buddhas entspringen, wir müssen ihr nur folgen.
> Dogen Kigen

DAS LEIDEN ■ DIE WELLEN DER ILLUSIONEN

Der Mensch leidet, Gefangener seiner Illusionen. Die Wurzel des Leidens ist die Illusion; Illusion wird zu Leiden. Der Mensch ist verstrickt in Gedanken, Sorgen, Ratlosigkeit, Angst, Verzweiflung. Er fühlt sich zurückgewiesen oder brennt vor heißer Liebe. Der Arme leidet, der Reiche leidet auch. Leiden hat nicht immer einen wirklich vorhandenen Anlaß. Das Leiden, das der Geist erschafft, ist noch größer. Wir müssen dieses Feuer des Geistes beobachten. Wenn wir verfolgt werden, wer legt das Feuer? Wir selbst! Die Hölle befindet sich nicht in einer anderen Welt, sie existiert in unserem eigenen Geist.
Auf den Wellen der Illusionen irrt der Mensch im Ozean des Lebens und des Todes umher, weil er zu sehr am Ego haftet, an materiellen Dingen. Manchmal liebt man, manchmal haßt man, manchmal flieht man, manchmal läuft man etwas hinterher. Wie soll man dieses Problem des Leidens lösen? Das ist die Frage, die sich Buddha Shakyamuni stellte. Die Menschen neigen dazu, das Leid vermeiden zu wollen und dem Glück nachzulaufen. Wenn man nur Glück sucht, kann man dem Leiden nicht entkommen. Schlimmer noch, man wird unfähig sein, Glück zu erleben, denn man wird immer voll Angst sein, es zu verlieren. Es gibt keinen Ort, an den man fliehen könnte vor Veränderung, Alter und Tod. Der Buddha-Zustand widersetzt sich nicht, lehnt nicht ab, faßt nach nichts. Kämpfen gegen Unvermeidbares zieht Leiden nach sich: Zazen gibt die Kraft, es zu akzeptieren.

**Wenn du dem Unheil begegnest, ist es gut, dem Unheil zu begegnen.
Wenn du sterben mußt, ist es gut, zu sterben. Das ist die wunderbare Art,
dem Unheil zu entkommen.**
Daigu Ryokan

BONNO SOKU BODAI ■ DIE ILLUSIONEN WERDEN SATORI

Manche Religionen verurteilen die Wünsche. Aber in Wirklichkeit sind Wünsche nicht zwangsläufig negativ. Im Gegenteil, sie können zum Motor des Lebens werden. Es ist die Anhaftung an die Wünsche, die zum *Bonno* wird, zur Illusion. Je mehr ein Mensch in die Illusion getaucht ist, desto tiefer ist sein *Satori*, wenn er erwacht. Es verhält sich ähnlich, wie wenn Eis schmilzt: Je mehr Eis vorhanden ist, desto mehr Wasser erhält man. Im Zen schneidet man die *Bonno* nicht nur ab, es geht vielmehr darum, sie umzuwandeln und ihnen eine höhere Dimension zu geben. Beim Zazen, wenn wir hier und jetzt konzentriert sind, verlöschen die Wünsche schnell, ohne Spuren zu hinterlassen. Zazen bringt das menschliche Denken in Richtung Buddha, in Richtung der kosmischen Ordnung. Ein Gedicht von Dogen besagt: »Im Wasser des Geistes ohne Makel spiegelt sich der klare Mond. Selbst die Wellen brechen sich daran und werden zu Licht.«

Die Erweckung.

SATORI ■ VON SEINEM TRAUM ERWACHEN

Wir haben einen Körper, doch der Körper hat kein Ego. Wir haben einen Geist, doch der Geist hat kein Ego. Das Ego ist nichts, es ist nur die wechselseitige Abhängigkeit mit der Umgebung, ohne Substanz. Wenn man sich für eine autonome Einheit hält, mit einem eigenen Willen begabt, kann man nur von Irrtum zu Irrtum gehen und stößt sich am ganzen Universum, das uns umgibt.

Die Illusion, die Verblendung, bedeutet, ein Gefangener zu sein von dem, was man als Wahrheit annimmt. Durch unsere Sinne nehmen wir die Formen wahr, die Ereignisse, die Umstände. Wir werten diese Wahrnehmungen, ziehen Schlüsse daraus und glauben, daß das, was unser Gehirn kombiniert, die Wahrheit ist. Eingenommen von dem, was wir für richtig halten, sind wir sogar bereit, uns für unsere Überzeugungen zu schlagen.

Satori ist, von einem Traum zu erwachen und das Ego zu erfassen, das den ganzen Kosmos durchdringt. Das ist der Ort, wo es weder hoch noch tief gibt, weder links noch rechts, weder Vorder- noch Rückseite. Es ist transparent vom Himmel bis zur Erde, es ist die Erfüllung des Weges. Die Furcht, die Angst und das Mißtrauen sind weg. Wenn das Mißtrauen verschwindet, wird das Universum so rein wie Kristall. Ein japanisches Gedicht besagt: »Es gibt keinen Tautropfen auf dem Gras, in dem sich das Mondlicht nicht spiegelt.«

Auf jedem Grashalm glänzt das Mondlicht: universelle Erscheinung, Buddha-Natur, Gott.

Zazen selbst ist *Satori*. In Zazen kann man atmen, betrachten, alle Töne hören, die Düfte der Natur riechen, den ganzen Kosmos berühren.

Dogen schreibt in einem Text:

»Im allgemeinen denken wir an die Dinge der Natur – Erde, Flüsse, Sonne, Mond, Sterne – wie an Dinge außerhalb unseres Geistes, aber in der Tat sind sie der Geist selbst. Denkt nicht, daß dies bedeute, die Dinge seien nur im Innern unseres Geistes. Gebt die Begriffe von Äußerem und Innerem, von Gehen und Kommen auf. Der individuelle Geist ist weder draußen noch drinnen. Er geht und kommt, frei, ohne Anhaften. Der ungeteilte Geist ist nicht betroffen vom Großen oder Kleinen, vom Nahen oder Entfernten, Sein oder Nicht-Sein, Gewinn oder Verlust, Anerkennung oder Nicht-Anerkennung, Illusion oder Wahrheit, Leben oder Tod.«

Nachdem in unendlichen Zeiten
die Frucht des Buddha ganz gereift ist,
hat er das Universum erleuchtet und umgewälzt.
Er gab allen Lebewesen seine Lehre.
Eine einzige Stimme…
der Mond, vier Uhr morgens. Auf dem Kissen,
warum kann nicht jeder aus seinem Traum erwachen?

Daichi Sokei

JENSEITS DES VERSTEHENS

HIER UND JETZT ■ DER EWIGE AUGENBLICK

Die meisten Leute denken andauernd an die Vergangenheit oder an die Zukunft. Auf diese Weise wird das Leben nicht vollständig gelebt. Damit die Zukunft gut wird, muß man die Gegenwart leben. Das Gelebte ist hier und jetzt. Vergangenheit und Zukunft haben keine Existenz. Jeder gelebte Augenblick ist ein Punkt, und die Aufeinanderfolge von Punkten bildet eine Linie. Genauso ist das Leben eine Folge von Augenblicken, von aufeinanderfolgenden Etappen, die ebensosehr hier und jetzt sind.

Wie machen? Wie handeln? Wie soll unser Verhalten hier und jetzt sein? Wie kann jeder Moment voll gelebt werden? Wie kann dieser unwissende und sterbliche Körper eine ewige Handlung erfüllen, jenseits des Todes?

In der vollkommenen Gegenwart, in der Fülle des Hier und Jetzt kann der Augenblick Ewigkeit werden. Die Zeit, die vorübergeht, existiert nur im Verhältnis zu unserer menschlichen Sicht: Man wird geboren, wächst, wird alt, und man muß sterben. Daher kommt der Begriff der Zeit, die verfließt. Aber vom kosmischen Standpunkt aus existieren Vergangenheit und Zukunft im Hier und Jetzt.

Ihr, die ihr den Weg sucht, ich bitte euch, verliert nicht den gegenwärtigen Moment.
Sekito Kisen

Im Tempel La Gendronnière.

> Wenn ihr die Faust geschlossen laßt, erhaltet ihr nur ein paar Sandkörner.
> Aber wenn ihr die Hände öffnet, erhaltet ihr allen Sand der Wüste.
> Dogen Kigen

MUSHOTOKU ■ OHNE ZIEL, OHNE BEGEHREN

Mushotoku heißt: Geist, der nicht zu erhalten sucht. Es handelt sich um eine innere Haltung, bei der der Geist an keinem Gegenstand haftet und weder Nutzen noch Ergebnis erwartet. Ohne diese Geisteshaltung ist Zazen nicht echt. Die Weisheit hat ihre Quelle in *Mushotoku*, wenn alle Begrenzungen transzendiert werden, die von der Suche nach einem Ergebnis kommen. Letzten Endes ist die höchste Weisheit ohne Ziel und ohne Bewußtsein. Sie geht nicht aus der Tätigkeit des Vorderhirns (Cortex) hervor, sondern aus dem Zentralhirn (Thalamus, Hypothalamus) und entspringt dem ganzen Körper.

Es heißt: »Mit offenen Händen könnt ihr alles erhalten; mit geschlossenen Händen kann nichts erhalten werden.«

Mit dem Geist ist es ebenso: Wenn er einem Ziel anhaftet, schließt er sich in seinen eigenen Entwürfen ein, wo die Weisheit keinen Platz hat. Die richtige innere Haltung besteht darin, alles vorbeiziehen zu lassen, indem man sich auf die unmittelbare Handlung konzentriert, ohne Egoismus. Die Menschen wollen immer erhalten und haben Angst zu verlieren. Letzten Endes wird Loslassen der größte Erfolg. *Mushotoku* ist, den ganzen Kosmos erhalten.

HISHIRYO ■ DENKEN, OHNE ZU DENKEN

Eines Tages, nach dem Zazen, fragte ein Mönch Yakusan:
»Wenn Ihr sitzt wie ein unbeweglicher Berg, von woher habt Ihr Bewußtsein von der Welt?«
»Ich denke vom Nicht-Denken aus«, antwortete der Meister.
»Aber wie denkt man vom Nicht-Denken aus?«
»*Hishiryo*, jenseits des Denkens.«
Durch die Unbeweglichkeit des Körpers und das »Nichts-Tun« des Mentalen erscheint das *Hishiryo*-Bewußtsein. So können wir beim Zazen direkt die Erfahrung machen von dem, was durch das Denken nicht begriffen werden kann. Die Samen des Unbewußten kommen zutage wie Blasen, die an die Oberfläche steigen und verschwinden, ohne Spuren zu hinterlassen. Indem man die Gedanken vorbeiziehen läßt und aufhört, was es auch immer sei, auszuwählen oder zurückzuweisen, offenbart sich das *Hishiryo*-Bewußtsein. Es ist nicht bestimmbar, denn es ist jenseits des Denkens. Die Gedanken vorbeiziehen zu lassen, reduziert das Bewußtsein nicht, sondern verwirklicht den idealen Zustand der menschlichen Psyche. Die Vergangenheit und die Gegenwart sind auf diese Weise transzendiert.
Hishiryo kann auch übersetzt werden durch »ursprüngliches und universelles Bewußtsein vor dem Denken«. Von *Hishiryo* aus werden das Leben und die Welt gesehen ohne Trennung zwischen sich, Gott oder Buddha.
Ein Meister schrieb: »Der Weise hat weder Ich noch Nicht-Ich, sondern er ist das Universum, und das Universum ist er.« So ist *Hishiryo* das Bewußtsein jenseits des Ich und jenseits unserer begrenzten Sicht der Welt, die wahre Freiheit, die Weisheit.

Der weite Himmel ist nicht gestört durch das Kommen und Gehen der weißen Wolken.
Sekito Kisen

Hishiryo.

Die wiederholten Schläge auf das Holz erinnern an die vergehende Zeit.

> Unser Leben ist flüchtig
> wie der Widerschein des Mondes
> im Wassertropfen,
> der vom Schnabel des Reihers fällt.
>
> Dogen Kigen

MUJO ■ EIN TAUTROPFEN

Alles, was lebt, an jeder Stelle des Alls – nichts entkommt der Veränderung und dem Zerfall. Alle Wesen, die erscheinen, sind so unbeständig wie eine Sternschnuppe, ein Traum, eine Blase auf dem Bach, ein Tautropfen morgens im Gras.

Im *Shobogenzo* sagt Dogen:

»Wenn jemand Boot fährt und das Ufer betrachtet, wird er den Irrtum begehen, zu glauben, das Ufer bewege sich; aber wenn sein Blick gesammelt auf seinem Nachen ruht, wird er verstehen, daß sich in Wahrheit das Boot bewegt. Wenn wir mit unserer wirren Wahrnehmung versuchen, die Natur der Erscheinungen zu erkennen, werden wir ebenso den Irrtum begehen, zu glauben, unsere eigene Natur hätte Beständigkeit an sich.«

Der Körper, der Geist, die Umgebung, der ganze Kosmos sind unbeständig. Die Gedanken sind in Bewegung wie Wasser im Fluß. Durch die Welt der Erscheinungen hindurch, die sich in Raum und Zeit entwickeln, schwindet alles ständig dahin. So gibt es weder beständige noch existentielle, noch ewige Substanz.

Mujo: ohne Anfang, ohne Ende, ohne Geburt, ohne Tod – nur Veränderung. In einem Bach kann man sehen, wie sich im fließenden Wasser Blasen bilden, dann zerspringen. Wenn wir sterben, kommt unser Leben nicht zum Ende. Es kehrt zum Kosmos zurück wie die Blasen, die auf dem Bach vergehen. Es ist unerläßlich, das ewige Leben zu verstehen. Jenseits von Zeit und Raum gibt es weder Existenz noch Nicht-Existenz.

Wie ein Traum, ein Phantom, eine Blume der Leere, so ist unser Leben.
Warum sollten wir leiden, um nach dieser Illusion zu fassen?
Sosan

KU ■ EXISTENZ OHNE WESENSKERN

Das Wort *Ku* ist die Übersetzung des Sanskrit-Worts *Sunya* oder *Sunyata*, das im Westen oft mit »leer« übersetzt wurde, aber diese Übersetzung ist unsauber. Schon Buddha sprach von falschen Auffassungen von *Ku* und verurteilte sie als Hindernis für das Verstehen und die Übung des Weges. Viele haben erklärt, die Erscheinungen seien Sinnestäuschungen, und es gäbe nur eine ewige Leere. Diese dialektische Anschauung ist statisch. Meister Deshimaru übersetzte *Ku* durch »Existenz ohne Wesenskern«. Alle Erscheinungen des Universums existieren, haben aber weder eine eigene Substanz noch eine feste Position. Sie sind bedingt und gegenseitig abhängig. Alles ändert sich. Zum Beispiel existiert unser Körper, doch er ändert sich ständig. Es ist das Ich, das den Dingen einen Wesenskern gibt.

Ku ist nicht nur die Leere. Die Erscheinungen spiegeln sich in unserem Geist, aber der wahre Geist ist der des ganzen Universums, denn nichts existiert außerhalb von ihm. Nur das Anhaften an unser Ego gibt den Erscheinungen eine eigene Substanz. Wenn der Geist sich vom Ego befreit, wird er *Ku,* das heißt ohne Fesseln.

Im Sutra *Hannya Shingyo* steht:

»*Ku soku ze shiki*«, die Leere bringt die Erscheinungen hervor.

»*Shiki soku ze ku*«, die Erscheinungen bringen die Leere hervor.

Während Zazen geht der Geist von Denken zu Nicht-Denken und von Nicht-Denken zu Denken. Der Verbindungspunkt ist Null. Von Null gehen alle Erscheinungen aus, und sie kehren zu Null zurück. Die Körperzellen gehen von Null aus und kehren zu Null zurück. Mit der Atmung ist es ebenso. Am Ende der Ausatmung kommt das Bewußtsein mit *Ku* zusammen.

In der Welt von *Ku* nimmt nichts zu und nichts ab. Im Tod verschwinden individuelles Bewußtsein und Körper, während *Karma* und universelles Leben ewig weiterbestehen. Die wahre Natur von *Ku* ist weder Existenz noch Nicht-Existenz, sondern beides auf einmal.

GESCHICHTE UND WEITERGABE

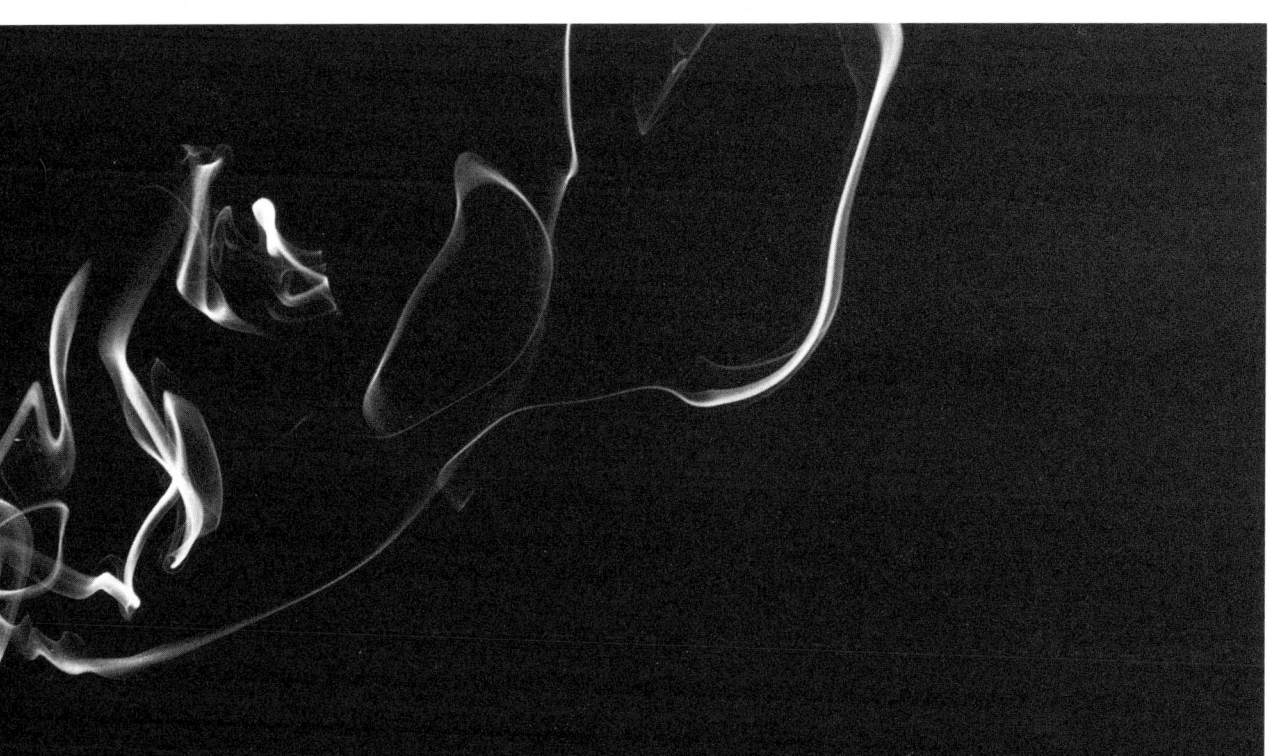

**ZEN IST EINE BESONDERE WEITERGABE, AUSSERHALB
DER SCHRIFTEN, UNABHÄNGIG
VON BUCHSTABE UND WORT. ES ZEIGT UNMITTELBAR
DAS HERZ DES WESENS:
SEINE EIGENE NATUR ERFASSEN UND BUDDHA WERDEN.**

Bodhidharma

INDIEN
6. JAHRHUNDERT V. CHR. – 6. JAHRHUNDERT N. CHR.

BUDDHA SHAKYAMUNI ■ DIE QUELLE

Obwohl Zen (chinesisch Ch'an) sich in China entwickelt hat, geht sein Ursprung direkt auf Buddha Shakyamuni zurück, der im sechsten Jahrhundert vor unserer Zeit lebte. Buddha Shakyamuni ist der erste in der Linie der Weitergabe von dem, was man später Zen nannte.
Zen hat seine Wurzel in Buddhas Erweckungserfahrung, die er unter dem *Bodhi*-Baum hatte.
Dieser Geist wurde durch die ganze Geschichte von Meister zu Schüler weitergegeben. Buddha Shakyamuni war kein Einsiedler, kein spiritueller Meister oder mystischer Weiser, der Schüler die Wahrheit lehrte. Dennoch öffneten sein Leben und seine Handlungen einen ganz neuen Weg.
Er war aus einer adeligen und reichen indischen Familie und trug den Namen Siddharta, was bedeutet »Erfüllung aller Wünsche«. Verstört durch die Leiden der Lebewesen, und da er feststellte, daß die oberflächlichen Freuden dem Menschen das Glück nicht bringen können, verließ er mit neunundzwanzig Jahren seine Familie, um den Weg zu suchen. Nach sechs Jahren der Suche und des Asketentums, am Ende seiner Kräfte, verstand er, daß der Mensch durch diese Praktiken die Befreiung von seinen Leiden nicht finden konnte.
So setzte er sich in der Lotushaltung unter den *Bodhi*-Baum, mit dem festen Entschluß, sich nicht wieder zu erheben, bevor er das Grundproblem des Lebens vollkommen gelöst hätte. So geschah es, in vollständiger Unbeweglichkeit und in tiefer innerer Stille, daß er sich erweckte und Buddha wurde, was bedeutet: Erwecktes Wesen, Derjenige, der weiß.
Die Erfahrung von Shakyamuni ist bestätigt und weitergegeben durch die Zen-Meister als Erweckung aller Buddhas und aller Patriarchen.
Die Lehre Buddhas hat ihre Quelle in seiner gelebten Erfahrung. Er sah die Dinge so, wie sie sind, das heißt in ihrer authentischen Wahrheit.

Zur Zeit Shakyamunis gab es zahlreiche philosophische Systeme und Religionen, die Gegensätze und Dispute mit sich brachten. Jede hatte ihre eigene Doktrin der absoluten Wahrheit und behauptete, daß die anderen Lehren irrig und verlogen seien. Es ist in etwa zu vergleichen mit dem, was wir heutzutage im Westen vorfinden. Buddha erklärte solche Dispute für hohl und hielt von jeder metaphysischen Diskussion Abstand. Er wollte sich nicht mit Problemen befassen wie die Philosophen und Geistlichen seiner Zeit, etwa: Ist die Welt ewig? Existiert ein erfülltes Wesen nach dem Tod weiter? Diese Fragen schienen ihm nicht der Kern einer authentischen Suche nach Weisheit zu sein, denn sie legten einen Abstand zwischen dem Menschen und den Weg, der ihn vom Leiden befreit.

Es ist ein bißchen so, als ob ein Mann, den ein vergifteter Pfeil durchbohrt hat, den Arzt aufhalten wollte, der sich müht, ihn herauszuziehen:

»Wartet ein wenig! Bevor Ihr mir diesen Pfeil herauszieht, möchte ich wissen, wer ihn abgeschossen hat.

Ein Mann oder eine Frau? Ein Adeliger oder ein Bauer? Aus was ist der Bogen gemacht? Ist er klein oder groß? Aus Holz oder Bambus...?«

Bevor der Arzt all diese Fragen beantworten könnte, wäre der Mann bereits tot. Weisheit ist, den Pfeil schnell herauszuziehen, um das Gift daran zu hindern, sich auszubreiten.

Die Argumente Buddhas stützten sich auf zwei Punkte:
- ☐ Nichts behaupten, was nicht sicher ist.
- ☐ Nichts behaupten, was für die Menschen nicht nützlich ist.

Er erklärte, daß alles, was nicht dazu dient, die innere Ruhe zu erreichen, die wahre Kenntnis, die höchste Weisheit und die Erweckung, zurückgewiesen werden muß.

Die praktische Lehre Buddhas führt dazu, zu begreifen, daß weder ein Ego existiert, das eine Substanz hat, noch irgendwo ein Objekt, das der Unbeständigkeit nicht unterworfen ist. Es gibt nur Prozesse, sie sind ohne wirkliche Substanz wie die Wahrnehmungen, die Empfindungen, die Visionen usw. Man kann Buddha mit einem Arzt vergleichen, der der kranken menschlichen Natur eine Kur vorschlägt. Er hatte nicht die Absicht, eine neue Religion zu erschaffen, sondern dem Menschen zu helfen, die Quelle seines Leidens zu verstehen und sich davon zu befreien.

Die Erweckung Buddhas ist, dieses Ego zu erfassen, das das ganze Universum durchdringt.
Kodo Sawaki

■ UNTERWEISUNG IM GAZELLENPARK

Buddha Shakyamuni durchquerte fünfundvierzig Jahre lang das Land, um seine Lehre zu verbreiten. Zuallererst begab er sich in den Gazellenpark bei Benares. Dort fand seine erste Lehrrede statt, die Darstellung der vier edlen Wahrheiten, die Basis seiner Unterweisung:

☐ Das Leben ist Leiden. Geburt, Krankheit, Alter und Tod sind Leiden. Von denen getrennt sein, die man liebt, ist Leiden. Mit denen sein müssen, die man nicht liebt, ist Leiden. Seine Wünsche nicht befriedigen können, ist Leiden.

☐ Die Ursache dieser Leiden ist die Verhaftung an die Wünsche.

☐ Wenn man diesen Verhaftungen ein Ende setzt, kann man den Leiden ein Ende setzen.

☐ Um den Leiden ein Ende zu setzen, muß man dem achtfachen Pfad folgen: richtiges Sehen, richtiges Denken, richtige Rede, richtiges Verhalten, richtiges Leben, richtige Bemühung, richtige Aufmerksamkeit und richtige Konzentration. All dies ist im Zazen enthalten.

Dann sprach er von der Kette der Ursachen und der Wirkungen, von der er sich in seiner Zazen-Erfahrung befreit hatte. Die Unwissenheit ist die Quelle aller Illusionen. Als Buddha unter dem *Bodhi*-Baum Zazen machte, verstand er, daß alles von der Unwissenheit herrührt. Er fragte sich: Warum muß man leiden? Warum muß man sterben? Man muß sterben, weil man geboren ist. Man ist geboren aus dem Willen zu existieren. Die Existenz will die Nicht-Existenz nicht sehen, sie verneint den Tod. Der Wille zu existieren kommt von der Anhaftung, vom Besitzen. Diese Anhaftung kommt von der Handlung des Besitzergreifens, des Fassens, hervorgebracht durch die Wünsche. Die Wünsche werden erzeugt durch die Wahrnehmung, die durch den Kontakt mit der äußeren Welt entsteht. Dieser Kontakt kommt durch die Sinne zustande, den Körper und den Geist, die mentalen Funktionen. Diese sind bestimmt durch das Bewußtsein, das im Augenblick des Eintretens in die Existenz erscheint. Die Ursache des Werdens ist das vergangene *Karma*, das durch die Handlung entsteht, die aus der Unwissenheit entspringt. Zazen führt zur Auslöschung der Unwissenheit durch das Verstehen dieses Prozesses.

Die Grundprinzipien der Lehre Buddhas sind:

☐ *Mujo*: Alles ändert sich ohne Unterlaß. Alles ist unbeständig und geht vorbei. Es gibt nichts, das dauerhaft wäre.

☐ *Muga*: Nicht-Ego. Unser Ego ist ohne Substanz.

☐ *Ku*: Alles ist *Ku*, Leere. Nullpunkt, Existenz ohne Substanz.

Diese Begriffe waren Anlaß zu ausgiebigen Kommentaren und philosophischen Entwicklungen, die man den Buddhismus nennt. Aber Zen geht direkt zum Wesentlichen:

☐ Was ist die Natur, der Geist Buddhas?

☐ Was ist die Erweckung, das *Satori*?

☐ Wie kann man diesen Geist der Erweckung hier und jetzt erschaffen?

Die verschiedenen Lehren, die durch Buddha dargestellt werden,
sind wie eine unendliche Reihe von Ketten.
Wenn ich anfange, mit euch darüber zu sprechen,
werden wir niemals das Ende davon sehen.
Aber sobald ihr seinen Geist erfaßt habt,
gibt es für euch nichts mehr zu erreichen.

Baso Doitsu

MAHAKASHYAPA ■ DIE BLUME DES DHARMA

Es gibt fünf alte Berichte, die die erste Übermittlung des Buddha-Geistes wiedergeben. Mit Mahakashyapa beginnt eine Reihe von achtundzwanzig indischen Patriarchen, die bis zu Bodhidharma geht, dem ersten Patriarchen in China.

Mahakashyapa wurde Nachfolger von Buddha Shakyamuni. Er war sehr jung verheiratet worden, hatte aber das weltliche Leben aufgegeben. Bei seinem ersten Zusammentreffen mit Buddha warf er sich zu dessen Füßen nieder und wurde sein Schüler. Unter allen Mönchen nahm er eine herausragende Stelle ein. Eines Tages, in Benares, nahm Buddha Shakyamuni eine Blume und drehte sie leicht zwischen seinen Fingern. Niemand verstand diese Geste, nur Mahakashyapa lächelte. Da sagte Buddha Shakyamuni zu ihm:

»Ich besitze das Auge des *Dharma*, den Geist der Erweckung. Du allein hast die Essenz meiner Lehre begriffen. Jetzt übertrage ich dir das *Dharma*, denn du hast es verwirklicht.«

Der Geist Buddhas war wie ein Spiegel, in dem sich der Geist Mahakashyapas widerspiegelte. Während alle anderen über die Bedeutung der Unterweisung nachdachten, die Buddha gerade gegeben hatte, wie Affen, die nach dem Mond im See fischen wollen, war Mahakashyapa ganz einfach gegenwärtig, hier und jetzt. Er war in vollkommener und vollständiger Einheit mit dem Geist seines Meisters. Sein Geist war zugänglich, ohne Hindernis, vollkommen rein. Das ist, was man den ursprünglichen Geist nennt. Dieser Geist ist die Lehre selbst.

Meister Mumon Ekai (1183-1260) beschrieb die Übermittlung, außerhalb von Buchstabe und Wort, von Buddha an Mahakashyapa, folgendermaßen:

»Als er die Blume hochhielt, erschien die Wurzel. Mahakashyapa lächelte, und auf der Erde wie im Himmel waren alle Lebewesen überrascht.«

Das Wesen des Zen ist das direkte Verstehen, wie es im Sutra *Lankavatara* beschrieben ist: als letztes Wissen, jenseits aller Dualität, Verwirklichung seiner eigenen Natur, der Buddha-Natur – in China nannte man es den kosmischen Körper Buddhas.

Ab da begann die authentische Linie von Meister zu Schüler, von Patriarch zu Patriarch, tief, vertraut, bis heute.

Buddha Shakyamuni hatte zehn besonders wichtige Schüler, deren unterschiedliche Charaktereigenschaften und Fähigkeiten die verschiedenen Ströme des Buddhismus hervorbrachten.

Buddha dreht die Blume, Mahakashyapa lächelt.

Fünfhundert Affen betrachten das Spiegelbild des Mondes im Wasser und denken:
»Welch wunderbare Frucht, wir müssen sie pflücken.«
Alle zusammen, vom Tal bis zum See,
nehmen sich an der Hand, um die wunderbare
Mondfrucht zu pflücken, die sich im Wasser spiegelt,
und alle fallen in den See.

Nirvana-Sutra

China
6. JAHRHUNDERT – 13. JAHRHUNDERT

BODHIDHARMA (?-532) ■ **NEUN JAHRE UNBEWEGLICH VOR DER WAND**

Nach achtundzwanzig Generationen von Schülern des Buddha Shakyamuni führte Bodhidharma am Anfang des sechsten Jahrhunderts Zen in China ein. Er ist der achtundzwanzigste Nachfolger, der das *Kesa* erhielt, und wurde der erste Patriarch des Zen in China. Die Legenden um Bodhidharma sind reichhaltig. Ob sie historisch authentisch sind oder nicht, in der Zen-Lehre jedenfalls haben sie eine tiefe Bedeutung erlangt. Bodhidharma war Erbe des *Dharma* des Prajnadhara und begab sich in einer langen und beschwerlichen Reise nach Südchina. Frühen Berichten zufolge war er damals hundert Jahre alt.

Kaiser Wu-ti (502-550), ein leidenschaftlicher Buddhist, hörte von Bodhidharma, ließ ihn an seinen Hof kommen und sagte zu ihm:

»Seit ich Kaiser bin, habe ich zahlreiche Tempel gebaut, *Sutras* abgeschrieben und einer unschätzbaren Menge von Mönchen geholfen. Ich werde daher in der Zukunft sicherlich große Verdienste haben, welche darf ich erhoffen?«

»Keine Verdienste«, antwortete Bodhidharma.

»Warum?« fragte der Kaiser.

»Die Verdienste Eurer Taten sind winzig in dieser Welt und werden zur Quelle von Illusionen und Wünschen. Das ist wie einen Schatten verfolgen.«

»Was ist dann ein wahres, ein echtes Verdienst?« wollte der Kaiser wissen.

»Die reine Weisheit ist wunderbar und vollkommen in ihrer Verwirklichung. Ihre Substanz ist Leere. Deshalb können solche Verdienste durch die Mittel dieser Welt nicht erreicht werden.«

»Was ist diese heilige Wahrheit?«

»Jenseits der Frömmigkeit, eine unauslotbare Leere und nichts von heilig. Ein makelloser Himmel, wo man weder Wahrheit noch Illusion mehr unterscheidet«, antwortete Bodhidharma.

Der Kaiser war sehr beeindruckt, sah ihn an und fragte:
»Wen habe ich vor mir?«
»Ich weiß es nicht.«
Wu-ti verstand die Botschaft Bodhidharmas nicht, der fühlte, daß der Zeitpunkt noch nicht günstig war, um Zen zu verbreiten. So begab er sich zum anderen Ufer des Flusses, des Yang-tse, und zog sich in den Shaolin-Tempel auf dem Berg Song-shan zurück. Schweigend übte er neun Jahre Zazen vor der Wand. Dieser Umstand verwirrte alle, die ihn sahen, und man nannte ihn den »Wandbetrachter-Mönch«.

**Ich bin in dieses Land gekommen, um das *Dharma* weiterzugeben und um es vom Irrtum zu befreien.
Eine Blume öffnet fünf Blütenblätter, die Frucht reift von selbst.**
Bodhidharma

Eka schneidet sich den Arm ab.

EKA (487-593) ■ SICH DEN ARM ABSCHNEIDEN

Ein Mann namens Eka (Hui-k'o) hatte von dem großen Mönch gehört, der in einer Grotte des Shaolin-Tempels saß, und suchte ihn auf. Als er ankam, blickte er in die Grotte und sah dort den Meister in einer Haltung von großer Konzentration sitzen. Geduldig wartete er draußen. Es war kalt und es schneite. Als die Nacht herabsank, versuchte er, die Aufmerksamkeit des Meisters auf sich zu ziehen:
»Bitte, ich möchte Euer Schüler werden.«
Bodhidharma, unerschütterlich, sah nicht einmal auf und fuhr fort, Zazen zu machen. So schnitt sich Eka den Arm ab, um damit seinen festen Entschluß auszudrücken. Auf diese Weise konnte er schließlich der Schüler von Bodhidharma werden. Eka fragte seinen Meister:
»Mein Geist ist nicht in Frieden, ich bitte Euch, ihn zu beruhigen!«
»Bringt mir Euren Geist, und ich beruhige ihn«, sagte Bodhidharma.
»Wenn ich meinen eigenen Geist suche«, antwortete Eka, »gelingt es mir nicht, ihn zu finden.«
»Dann habe ich ihn schon beruhigt.«
Eka warf sich vor Bodhidharma nieder. Er blieb neun Jahre bei seinem Meister und übte nur Zazen. Als Bodhidharma seinen Todestag herannahen fühlte, rief er seine vier Schüler zu sich und fragte sie:
»Was habt Ihr von meiner Lehre verstanden?«
Der erste Schüler sagte:
»Wenn wir die Wahrheit verwirklichen wollen, dürfen wir den Worten weder völlig vertrauen noch sie ablehnen, sondern müssen sie benutzen wie ein Werkzeug auf dem Weg.«
»Ihr habt meine Haut erlangt«, antwortete Bodhidharma.
Der zweite Schüler, eine Nonne, sprach, als sie an der Reihe war:
»Die Wahrheit ist das Glück, die Paradiese Buddhas zu schauen. Man sieht sie einmal und nicht wieder.«
»Ihr habt mein Fleisch erlangt«, sagte der Meister.
Der dritte Schüler sagte:
»Die vier großen Elemente sind leer, die fünf Aggregatzustände existieren nicht, es gibt in Wahrheit nichts, das man erfassen könnte.«
»Ihr habt meine Knochen erlangt.«
Nachdem der dritte Schüler gesprochen hatte, warf Eka sich vor seinem Meister nieder, ohne etwas zu sagen. Daraufhin bestätigte Bodhidharma:
»Ihr habt mein Mark erlangt.«
So wurde Eka der zweite Patriarch des Zen in China.

Nur die wahre Wurzel erfassen, sich nicht mit den Zweigen aufhalten.
Yoka Gengaku

SOSAN (?-606) ■ GEDICHT VOM GLAUBEN AN DEN GEIST

Sosan (Seng-ts'an) begab sich auf die Suche nach dem zweiten Patriarchen, obwohl er vom Aussatz zerfressen war, und wurde Schüler von Eka. Auch er übte die vollkommene Haltung Buddhas sechs Jahre lang.
Während der Buddhistenverfolgungen floh er mit Eka in die Berge. Da er die Essenz der Lehre erfaßt hatte und überdies vom Aussatz genesen war, wurde Sosan von seinem Meister bestätigt. Als dritter Patriarch verbreitete er die Lehre und schrieb das *Shin jin mei*, »Gedicht vom Glauben an den Geist«, den ersten Zen-Text, der das Wesen des Buddhismus ausdrückt. Wie Bodhidharma lehrte er nur eines: die Übung von *Shikantaza*. Sosan starb im Jahr 606, aufrecht unter einem Baum, in der *Kin hin*-Haltung.

In Wahrheit sind wir nicht frei, weil wir begehren oder zurückweisen.
Lauft den Erscheinungen nicht nach, doch bleibt auch nicht in der Leere…
Wenn wir zur richtigen Wurzel zurückkehren, berühren wir das Wesen.
Wenn wir den Spiegelbildern folgen, verlieren wir das Echte…
Wenn wir jede Bewegung anhalten, wird unser Geist ruhig werden,
und diese Ruhe bringt dann wieder die Bewegung hervor…
Sosan

Lauft den Erscheinungen nicht nach…

Setzt euch beharrlich in Zazen. In Zazen zu sitzen ist die Grundlage der Übung. Es ist gut, fünfunddreißig Jahre zu üben, seinen Hunger mit ein wenig Nahrung zu stillen und seine Sinne zu schonen. Schließt die Tür, und setzt euch hin. Lest keine *Sutras,* führt mit niemandem Diskussionen. Wenn ihr auf diese Weise übt, ist es zum ersten Mal wirksam. So werdet ihr wie ein Affe, der mit Vergnügen das Innere einer Nuß genießt. Sehr wenige vollbringen die Kunst, einfach nur in Zazen zu sitzen.
Doshin

DOSHIN (580-651) ■ DIE KUNST, EINFACH NUR ZU SITZEN

Die Linie setzte sich fort mit dem vierten Patriarchen, Doshin (Tao-hsin), der eine starke Persönlichkeit war. Bis dahin hatten alle Patriarchen ein Leben als Wandermönch geführt und vom Betteln gelebt. Von Doshin an begann sich das Tempelleben herauszubilden.
Er übte sechs Jahre lang im Ta-lin-tsu-Tempel, bevor er sich endgültig auf dem Berg Shuang-feng einrichtete. Dort unterrichtete er über fünfhundert Schüler, die sich bei ihm eingefunden hatten. Die Bettelgänge reichten nicht aus, um die Bedürfnisse einer so großen Personenzahl abzudecken. Man mußte die Arbeit, die den Fortbestand der Gemeinschaft gewährleistete, aufteilen; dabei wurden Handwerk und Zazen-Übung abgewechselt. Dies war der Ursprung der Tempelregeln, wie wir sie heute kennen. Die Lehren von Doshin wurden gesammelt in dem Text »Die fünf Pforten von Doshin«.

Dojo des Tempels La Gendronnière.

Die Farbe des Berges, die Stimme des Tals, alles zusammen
ist die Stimme und die heilige Haltung von Buddha Shakyamuni.
Dogen Kigen

KONIN (601-674) ■ DER BERG DES FÜNFTEN PATRIARCHEN

Konin (Hung-jen) wurde der Nachfolger von Doshin. Die Geschichtsschreibung gibt wieder, daß er im Alter von sechs Jahren in die Gemeinschaft von Doshin aufgenommen wurde. Er übte unermüdlich, arbeitete am Tag und machte nachts Zazen bis zum Morgengrauen. Nach dem Tode Doshins ließ sich Konin auf dem nahen Berg P'ing-jung nieder, den man den »Berg des fünften Patriarchen« nannte. Er lebte zusammen mit zahlreichen Schülern und setzte die Zazen-Übung fort, wie Doshin sie ihm übertragen hatte.

In dieser Zeit begann Zen, das gesellschaftliche und kulturelle Leben zu durchdringen und als schöpferische Kraft bekannt zu werden.

Konin hatte eine breite Hörerschaft, weit über buddhistische Kreise hinaus. Die Zen-Meister wurden vom Volk für Weise mit Wunderkräften gehalten. Zen übte auch auf dem Gebiet der Literatur starken Einfluß aus.

ENO (638-713) ■ WEDER SÜDEN NOCH NORDEN

Eno (Hui-neng), ein Junge, der seinen Vater verloren hatte, wurde in Armut erzogen. Er erwarb seinen Unterhalt und den seiner Mutter, indem er Holz auf dem Markt verkaufte. Eines Tages, als er einem Kunden Holz brachte, hörte er einen Mönch das Diamant-*Sutra* rezitieren. Bei den Worten »Wenn der Geist bei nichts verweilt, dann erscheint der wahre Geist« hatte er die Erweckung und beschloß im selben Augenblick, Mönch zu werden. Ohne auch nur zu zögern, begab er sich zum Tempel von Meister Konin. Bei seinem ersten Treffen mit dem fünften Patriarchen sagte ihm dieser, nachdem er ihn gefragt hatte, wo er herkäme und was er wolle:
»Ein Barbar aus dem Süden kann nicht Buddha werden.«
Eno antwortete:
»Die Leute aus dem Süden oder aus dem Norden können verschieden sein, aber in der Buddha-Natur gibt es weder Süden noch Norden.«
Konin war beeindruckt von der Tiefe dieses jungen Südländers, aber als Anfänger und völliger Analphabet konnte Eno die Mönchsordination nicht erhalten und wurde nur Küchenhelfer.
Eines Tages versammelte Konin alle seine Schüler und verlangte, ihr Verständnis seiner Lehre in einem Gedicht auszudrücken, um sie zu prüfen. Da sie sich alle unfähig fühlten, überließen sie dem Mönch Jinshu, der sich unter den Schülern einer großen Wertschätzung erfreute, diese Aufgabe. Er war außerordentlich gelehrt und wurde für den besten Schüler gehalten. In der Nacht schrieb Jinshu sein Gedicht an die Tempelwand:
»Unser Körper ist wie der *Bodhi*-Baum.
Unser Geist ist wie der kostbare Spiegel.
So müssen wir ihn jeden Tag säubern,
damit der Staub sich nicht darauf absetzt.«
Jinshu meinte, daß man das *Satori* nur dann erhalten würde, wenn man jeden Tag übte. Er dachte, Zen sei ein abgestufter Prozeß, den man Schritt für Schritt vollziehen könne.
Eno betrachtete dieses Gedicht und bat einen Mönch, es ihm vorzulesen.
»Es ist ein sehr großes Gedicht! Jinshu wird sicherlich der Nachfolger unseres Meisters werden«, sagte der Mönch.
»Es ist ein Irrtum«, empörte sich Eno. »Das ist nicht das wahre Zen. Ich habe die Reden des Meisters gehört, und ich finde in diesem Gedicht nicht die Essenz seiner Lehre. Schreib für mich also dies:
»Es gibt weder einen *Bodhi*-Baum
noch einen kostbaren Spiegel.
Alles ist Leere *(Ku)*.
Worauf also könnte sich Staub absetzen?«
Eno drückte auf diese Weise aus, daß die Verwirklichung des Zen sofort geschieht: Zazen ist *Satori*, hier und jetzt.
Als er die beiden Gedichte auf der Wand gesehen hatte, ließ Konin um Mitternacht Eno heimlich in sein Zimmer kommen, gab ihm sein

Kesa und seine Schale und bestätigte ihn als Nachfolger. Er riet ihm, auf der Stelle zu fliehen, in der Befürchtung, eifersüchtige Mönche könnten sich entrüsten, daß ein einfacher Küchenjunge an ihrer Stelle bestätigt wurde, und ihn vielleicht mißhandeln. Eno ging noch in derselben Nacht.

Nach diesem Ereignis zog er sich zurück und lebte fünfzehn Jahre bei Fischern. Diese geheime Zeit nahm ihr Ende, als ein Mönch in einem Dorf in ihm den sechsten Patriarchen erkannte. Eno zog auf den Berg Sokei in Südchina. Dort unterwies er die Lehre von *Ku* (Existenz ohne Wesenskern) durch die Übung von Zazen. Der sechste Patriarch tat seinen letzten Atemzug auf dem Berg Sokei in vollendeter Zazen-Haltung.

Eno hatte zahlreiche Schüler, darunter Seigen Gyoshi, Nangaku Ejo, Yoka Gengaku, Nan'yo Echu und Kataku Jinne, die seine Nachfolger wurden. Von diesen Schülern aus entstanden fünf Schulen. Seigen wurde der Vorläufer des *Soto*-Zen und Nangaku der des *Rinzai*-Zen, den beiden derzeitigen Hauptlinien des Zen.

> Gehen ist auch Zen, sitzen ist auch Zen.
> Ob man spricht oder still ist, ob man sich bewegt oder nicht,
> der Körper bleibt immer in Frieden...
> Selbst wenn man einem Schwert gegenübersteht, bleibt der Geist ruhig.
> Selbst wenn man von Gift bedroht ist, bleibt der Geist unbeirrt...
> Yoka Gengaku

YOKA GENGAKU (665-713) ■ ERWECKUNG IN EINER EINZIGEN NACHT

Yoka (Yung-chia Hsüan-chüeh) wurde Mönch, als er noch sehr jung war. Er verließ seine Familie in der Absicht, den Buddhismus zu studieren sowie die Gedanken des Lao-tse und des Konfuzius. Er studierte besonders die Lehren der *Tendai*-Schule, wobei er sich auf die Übung von Zazen konzentrierte und auf die vier Verhaltensweisen: Gehen, Stehen, Sitzen, Liegen.

Nachdem er vom sechsten Patriarchen Eno gehört hatte, begab er sich auf den Berg Sokei, um die wahre Essenz des Zen zu verstehen. Vor dem Patriarchen angekommen, ging er dreimal um ihn herum und blieb stehen, ohne zu grüßen. Eno sagte zu ihm:

»Ein Mönch muß genau die achttausend Handlungen und die dreitausend Verhaltensweisen verkörpern. Woher kommt Ihr? Warum habt Ihr einen solchen Stolz?«

»Ich habe keine Zeit zu verlieren. Das Leben und der Tod sind eine ernste Sache, und der Tod folgt auf das Leben mit einer entsetzlichen Geschwindigkeit«, antwortete Yoka unwillig.

»Warum«, erwiderte Eno, »verwirklicht Ihr nicht das Prinzip der Nicht-Geburt, um das Problem der Unbeständigkeit des Lebens zu lösen?«

»Wenn man die Nicht-Geburt verstanden hat und das Hier und Jetzt erfaßt hat«, sagte Yoka abrupt, »ist nichts mehr da.«

»Das ist es, das ist es!« rief Eno aus.

Eno bestätigte Yoka, der noch eine Nacht bei ihm blieb. Deshalb gab man ihm den Beinamen »Der in einer einzigen Nacht erweckte Mönch«.

Er hatte zahlreiche Schüler, aber seine Linie setzte sich nicht fort.

Er schrieb das *Shodoka*, einen der wesentlichen Texte des *Soto*-Zen.

Zazen üben ist bereits *Satori*.

Die geistige Quelle ist rein und leuchtend,
nur die schlammigen Seitenarme fließen im Dunkeln.
Sekito Kisen

NANGAKU EJO (677-774) ■ DAS SATORI IST NICHT SCHWIERIG

Der Eno-Schüler Nangaku (Nan-yüeh Huai-jang) stand am Ursprung dessen, was man später die *Rinzai*-Schule nannte.
Eines Tages stattete Nangaku Eno einen Besuch ab. Dieser fragte ihn: »Warum kommt Ihr hierher? Wer kommt?«
Nangaku übte weiter Zazen, ohne zu antworten, und dachte acht Jahre lang ständig an diese Frage.
»Habt Ihr meine Frage verstanden?« fragte Eno ihn eines Tages.
»Selbst wenn ich antworte, kann sich meine Antwort der Wahrheit weder annähern noch sie berühren«, erwiderte Nangaku.
»Habt Ihr das *Satori* erreicht?« hob Eno wieder an.
»Üben, das *Satori* haben, das ist nicht schwer. Ich habe die Erfahrung acht Jahre lang gemacht. Aber es ist sehr schwer, mit den Unreinheiten aufzuhören.«
Zazen machen ist schon *Satori*. Zazen an sich ist rein. *Shu,* die Übung mit dem Körper, und *Sho,* die Bestätigung des Geistes, sind nicht getrennt. Ursprünglich ist unser Geist rein, er wird kompliziert durch das *Karma*. Dennoch muß man achtgeben, das *Satori* nicht zu stören, keine Einteilungen, keine Unreinheiten zu erschaffen. Der Mensch will seine eigene Weisheit hervorbringen; das wird zu einer Unreinheit, zu einem Hindernis zwischen Zazen und sich selbst.

> **Wenn im Geist eine Eigenheit entsteht, so winzig wie ein Staubkörnchen, trennt sogleich eine unbegrenzte Entfernung den Himmel und die Erde.**
> Sosan

BASO DOITSU (709-788) ■ DER ZIEGEL UND DER SPIEGEL

Baso (Ma-tsu Tao-i), ein sehr starker und intelligenter Schüler, wurde der Nachfolger von Nangaku. Einmal, als Baso Zazen machte, fragte ihn sein Meister Nangaku:
»Was machst du?«
»Ich mache Zazen.«
»Warum machst du Zazen?«
»Um Buddha zu werden.«
Da nahm Nangaku einen Ziegel zur Hand und machte sich daran, ihn zu polieren. Baso fragte:
»Meister, was tut Ihr? Warum poliert Ihr diesen Ziegel?«
»Ich will einen Spiegel daraus machen.«
»Aber... das wird Euch niemals gelingen, Meister! Wie ist es möglich, aus einem Ziegel einen Spiegel zu machen?«
»Und wie ist es möglich, Buddha zu werden, indem man Zazen übt?« gab Nangaku zurück.
Heutzutage haben einige Schriftsteller und Intellektuelle diese Geschichte falsch interpretiert, indem sie der Ansicht sind, daß Zazen nicht wesentlich ist und daß es nicht das ist, was die Erweckung herbeiführt. Dies ist ein großer Irrtum. Nangaku selbst, genau wie Baso und alle Meister der Übermittlung, hat ständig Zazen geübt. Die Unterweisung von Nangaku ist für praktizierende Zen-Schüler bestimmt. Sie drückt aus, daß die Übung ohne Ziel sein muß, ohne Begehren, *Mushotoku*. Der Geist selbst ist bereits Buddha. In *Shikantaza* gibt es keine Trennung zwischen sich und Buddha.
Baso wandte außergewöhnliche Mittel an, um zu erziehen: Er warf seine Schüler zu Boden, drehte ihnen die Nase um, schlug sie in unerwarteten Momenten mit dem *Kyosaku*, schleuderte ihnen paradoxe Fragen entgegen. Seine Manieren waren rüde, aber sie hatten zum Ziel, die Schüler aufzuwecken. Er verpaßte ihnen in ihrer Routine von gewöhnlichen Gedanken und rigiden Vorstellungen einen Schock.
Baso hatte hundertneununddreißig Nachfolger, unter denen die berühmtesten Nansen Fugan, Daibai Hojo und Hyakujo Ekai waren.

NANSEN FUGAN (748-835) ■ DIE KATZE ENTZWEISCHNEIDEN

Vor seinem Zusammentreffen mit Baso hatte Nansen (Nan-ch'üan P'u-yüan) bereits eine tiefe Kenntnis der buddhistischen Philosophie. Aber erst durch das Üben mit Baso begriff er deren Essenz. Danach lebte er über dreißig Jahre in einer kleinen Einsiedelei, bevor er bereit war, die Lehre an zahlreiche Schüler weiterzugeben.
Eines Tages stritten sich zwei Gruppen von Schülern um den Besitz einer Katze. Meister Nansen kam hinzu, ein Messer in der Hand, packte die Katze und sagte:
»Wem gehört diese Katze? Wenn einer von euch mir antworten kann, ist die Katze gerettet, sonst töte ich sie.«
Niemand konnte antworten, da schnitt Nansen die Katze entzwei. Am Abend, als sein großer Schüler Joshu von der Arbeit kam, erzählte Nansen ihm die Geschichte und fragte ihn:
»Was hättest du geantwortet?«
Da nahm Joshu eine seiner Strohsandalen ab, legte sie auf seinen Kopf und ging hinaus. Nansen sagte:
»Wenn du dagewesen wärst, hätte ich die Katze retten können.«
Unser Kopf, unser Mentales, ist nicht mehr wert als ein Paar Sandalen. Die wahre Antwort auf das Problem der Existenz des Menschen kann man nicht durch Überlegen finden.

Der unwandelbaren beständigen Wahrheit zu begegnen ist das, was man die wahre Weisheit nennt. Wir dürfen sie nicht durch ein kompliziertes Bewußtsein verdunkeln. Zen kann man nicht vergleichen mit Stockfisch oder Räucherlachs. Zen ist wie ein lebendiger Fisch, der im Strom schwimmt.
Taisen Deshimaru

JOSHU JUSHIN (778-897) ■ DER GEWÖHNLICHE GEIST IST DER WEG

Joshu (Chao-chou Ts'ung-shen) war einer der berühmtesten Meister in der Geschichte des Zen. Dogen nannte ihn »der Alte Buddha«. Als er sehr jung war, bekam Joshu, bei einem *Mondo* mit Nansen, schlagartig ein tiefes Verständnis des Zen. Er fragte:
»Was ist der wahre Weg?«
»Der normale Geist, der alltägliche Geist, ist der wahre Weg«, antwortete Nansen.
»Was muß man tun, um diesen Weg zu erreichen?«
»Wer ihn sucht, entfernt sich von ihm.«
»Wenn man ihn nicht sucht, wie kann man dann wissen, ob es der wahre Weg ist?«
»Der Weg gehört weder zum Wissen noch zum Nicht-Wissen. Das Wissen ist Illusion, das Nicht-Wissen ist belanglos. Wenn jemand

wirklich den Weg erreicht, ohne Ziel, dann öffnet er sich und wird weit wie die große Leere. Wie könnte man darüber diskutieren?« schloß Nansen.
Nach diesem *Mondo* blieb Joshu vierzig Jahre lang bei Nansen. Bei ihm liegt der Ursprung für viele *Koan*. Eines Tages fragte ihn ein Schüler:
»Was ist die Essenz des Zen?«
»Hast du die Reissuppe aufgegessen?«
»Ja, Meister.«
»Dann geh deine Schale abwaschen.«

> **Um das große Problem von Leben und Tod zu lösen, müßt ihr euch auf Zazen konzentrieren. Wenn ihr nach drei, fünf, zwanzig oder dreißig Jahren den Weg nicht erreichen könnt, dann schneidet mir den Kopf ab und macht aus meinem Schädel ein Urinbecken.**
> Joshu Jushin

Der alltägliche Geist.

HYAKUJO EKAI (720-814) ■ OHNE ANHAFTUNG, OHNE WUNSCH

Hyakujo (Pai-chang Huai-hai), ein Schüler von Baso, zeichnete sich in der Geschichte des Zen durch seine Konzentration auf die körperliche Arbeit aus, das *Samu*. »Ein Tag ohne Arbeit, ein Tag ohne Essen«, so war seine Devise. Dieser Ausspruch wurde berühmt. Er wies damit auf die Verbindung zwischen Zazen und der Arbeit im Alltag hin. Er erließ die Tempelregeln. Auf den Geist, in dem die Aufgabe des Kochs erfüllt werden sollte, legte er besonderen Wert. Dieses Thema wurde später von Dogen im *Tenzo Kyokun*, »Anleitungen für den Küchenchef«, wieder aufgegriffen.

Das Fundament der Lehre Hyakujos war: »An nichts haften, nichts suchen.«

Aufruf zu den Mahlzeiten.

Wenn euer Geist zu vagabundieren beginnt, folgt ihm nicht,
wenn er sich irgendwo aufhalten möchte, setzt euch dort nicht fest,
und euer Geist wird von selbst einverstanden sein,
nicht mehr zu vagabundieren und sich aufhalten zu wollen.
So werdet ihr erreichen, einen Geist zu haben,
der in einem Zustand der Nicht-Verfestigung bleibt.
Wenn ihr euch innerlich dessen völlig bewußt seid,
werdet ihr bemerken, daß es nur den Umstand gibt, sich festzusetzen,
und nichts, worauf man sich festsetzen oder nicht festsetzen könnte.
Das volle Bewußtsein in euch, über diesen Geist,
ist die klare Wahrnehmung eures wirklichen Geistes.
In anderen Worten: die klare Wahrnehmung eurer wahren Natur.

Hyakujo Ekai

Die gewöhnlichen Leute wenden ihren Blick nach außen; die Mönche wenden ihn nach innen. Aber die wahre Praxis ist, sich ins Leere fallen zu lassen. Dennoch haben die Leute Angst vor der Leere, weil sie nicht wissen, daß das Leere nicht leer ist.
Obaku Kuin

OBAKU KUIN (?-850) ■ EIN EINZIGER GEIST

Obaku (Huang-po Hsi-yüan) war der Nachfolger von Hyakujo. Er war fast zwei Meter groß und hatte hervorstehende Beulen auf der Stirn, weil er viele Niederwerfungen machte. Jeden Tag schlug er seine Stirn auf den Stein. Seine Hände waren riesig, und wenn er einen Schrei ausstieß, waren alle erschrocken.

Eines Tages sah der Sohn des Kaisers Senshu Obaku zu, wie er *Sanpai* machte. Er fragte ihn:

»Da es heißt, daß wir nichts von Buddha erwarten sollen (*Mushotoku*), warum werft Ihr Euch vor ihm nieder, Meister?«

»Selbst wenn ich von den Drei Schätzen (Buddha, *Dharma*, *Sangha*) nichts erwarte, habe ich doch die Angewohnheit, auf diese Weise meinen Respekt auszudrücken«, antwortete Obaku.

»Aber zu was kann das nützlich sein?«

Als Antwort schlug Obaku den Sohn des Kaisers heftig.

»Was seid Ihr brutal«, sagte dieser indigniert.

»Wer macht da Unterschiede zwischen höflich und grob?« brüllte Obaku, und er schlug Senshu noch einmal. Die Grundlage der Lehre von Obaku war »der eine Geist« oder »ein einziger Geist«. Sein großer Schüler wurde Rinzai.

RINZAI GIGEN (?-866) ■ DEN TIGER NICHT AN DEN BARTHAAREN ZIEHEN

Rinzai (Lin-chi I-hsüan) war Mönch geworden, hatte sich den Kopf geschoren und studierte die *Sutras* und die Verhaltensregeln. Dessen überdrüssig, rief er aus: »Das ist Medizin, um die Welt zu retten, aber nicht die überlieferte Essenz außerhalb der Texte.«
Und er ging, als Wandermönch, auf die Suche nach dem Weg. Als er sechsundzwanzig Jahre alt war, begab er sich zu Obaku und machte drei Jahre lang Zazen, ohne Fragen zu stellen.
Eines Tages sprach ihn der *Shusso*, der Verantwortliche des *Dojo*, der Rinzais Aufrichtigkeit und Fleiß bemerkt hatte, an: »Warum stellt Ihr dem Meister keine Fragen?«
»Ich weiß nicht, was ich ihn fragen soll«, sagte Rinzai.
Der *Shusso* riet ihm also: »Besucht den Meister in seinem Zimmer und fragt ihn: Was ist die Essenz des Buddhismus?«
Rinzai suchte Obaku auf, warf sich nieder und stellte seine Frage.
Obaku, anstatt zu antworten, schlug ihn prompt. Rinzai ergriff die Flucht und kehrte zum *Dojo* zurück.
Der *Shusso* fragte ihn: »Warum kommt Ihr schon zurück?«
»Meister Obaku hat mir nichts geantwortet, er hat mich nur geschlagen.«
»Ihr müßt morgen wieder hingehen und ihm die gleiche Frage stellen. Vielleicht ist er dann besserer Laune.«
Am anderen Tag suchte er Obaku wieder auf, erfuhr die gleiche Behandlung und suchte wieder das Weite. Der *Shusso* schickte Rinzai ein drittes Mal zu Obaku, der ihn wieder schlug, noch bevor er die Frage stellen konnte.
Müde sagte er dem Dojoverantwortlichen: »Ich kann den Meister nicht verstehen, ich sollte besser weggehen.«
»In Ordnung, aber bevor Ihr geht, müßt Ihr den Meister aufsuchen.«
Rinzai begab sich zu Obaku, der zu ihm sagte:
»Ihr wollt reisen? Einverstanden, ich werde Euch bei einem großen Meister einführen. Sein Name ist Daigu, der große Verrückte. Sicherlich wird er Euch antworten können.«
Nach einer langen Reise kam er bei Meister Daigu an, der ihn fragte: »Woher kommt Ihr und warum sucht Ihr mich auf?«
»Ich habe schon drei Jahre im Tempel von Meister Obaku verbracht. Jedesmal, wenn ich ihm die Frage stellte: ›Welches ist die Essenz des Buddhismus?‹, hat Obaku mich geschlagen.«
»Euer Meister hat Euch eine genaue Unterweisung gegeben und viel Mühe auf Euch verwandt, aber Ihr seid blöde und könnt nicht verstehen.«
Rinzai war sprachlos. In dem Moment hatte er das *Satori*.
»Kehrt zu Eurem Meister zurück«, sagte Daigu, »Ihr seid nicht mein Schüler, und ich habe nichts damit zu tun.«
Rinzai kehrte also zu Obaku zurück, der ihn fragte:
»Habt Ihr die Essenz des Buddhismus verstanden?«

Rinzai schlug Obaku: »So ist die Essenz des Buddhismus!« brüllte er. »Man soll den Tiger nicht an den Barthaaren ziehen«, schloß Obaku und rief den *Shusso*: »Schickt mir diesen Irren ins *Dojo* zurück!« Dennoch verstand Obaku, daß Rinzai das *Satori* gehabt hatte.

> Es ist ein wahrer Mensch in diesem Haufen roten Fleisches. Unaufhörlich geht er ein und aus durch die Pforten der sechs Sinne, von jedem von uns. Wer das noch nicht eingesehen hat, sollte ja achtgeben!
> Rinzai Gigen

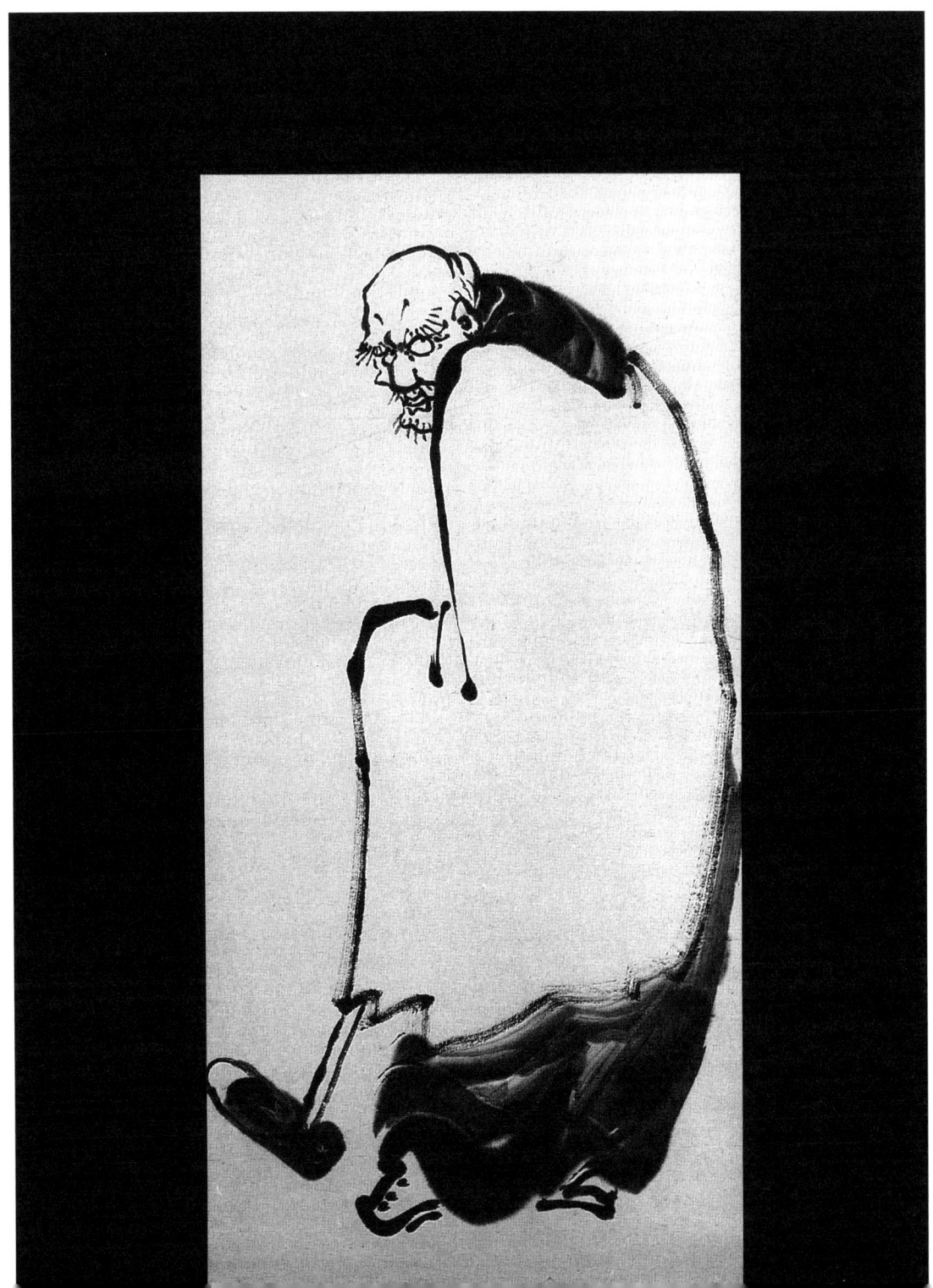

SEKITO KISEN (700-790) ■ DIE STROHHÜTTE

Sekito (Shih-t'ou Hsi-ch'ien) wird hauptsächlich durch seine Intelligenz und sein heiteres Äußeres charakterisiert. Als Schüler von Seigen Gyoshi (Ch'ing-yüan Hsing-ssu) ist er direkt mit Eno verbunden, dem sechsten Patriarchen, den er getroffen hatte, als er noch sehr jung war. Sekito erhielt die Ordination im Tempel von Rafuzan im Alter von achtundzwanzig Jahren. Wenig später ging er fort, um Seigen aufzusuchen. Bei ihrem Zusammentreffen fragte ihn Seigen:

»Woher kommst du?«
»Vom Berg Sokei«, antwortete Sekito.
»Was hast du von Sokei mitgebracht?«
»Ich habe etwas mitgebracht, das vor Meister Eno existierte und vor meiner Geburt. Ich habe es durch die Zazen-Praxis mit Eno verstanden.«
Seigen, der die Tiefe von Sekito erkannte, sagte:
»Ich habe viel Hornvieh, aber ein Einhorn genügt.«
Sekito wurde einer der herausragendsten Meister in der Linie der Nachfolge des *Soto*-Zen. Er starb mit neunzig Jahren. Sein Körper, in Zazen-Haltung, ist bis heute konserviert. Man kann ihn jetzt im Sojiji-Tempel in Yokohama besichtigen.

Sekito ist der Urheber des *San do kai*, aber er schrieb auch ein sehr berühmtes Gedicht, den »Gesang von der Hütte mit dem Strohdach«, das Zazen ausdrucksstark vor Augen führt.

Nach Sekito pflanzte sich die Linie des *Soto*-Zen mit Yakusan fort, dann kamen Ungan und Tozan. Sekito hatte noch einen weiteren Schüler, Tenno Dogo (798-807), der die *Ummon*-Schule mitbegründete, außer ihm Ryutan, Tokusan und Seppo Gison, der Meister von Gensha Shibi. Sekito stand also am Ursprung von drei der fünf chinesischen Zen-Schulen.

Eine Einsiedlerhütte aus Stroh habe ich gebaut,
wo es nichts gibt von Wert.
Nach dem Essen strecke ich mich aus und schlafe eine Weile.
Als die Hütte fertig war, kam das wilde Gras.
Jetzt hat es sich ausgebreitet und bedeckt alles.
Der Mann in der Hütte lebt hier friedlich,
ohne Fesseln, innere oder äußere.
Wo die gewöhnlichen Menschen leben, möchte er nicht leben.
Was die gewöhnlichen Menschen lieben, liebt er nicht.
Obwohl die Hütte klein ist, ist das ganze Universum darin enthalten.
Auf zehn Quadratfuß erhellt ein alter Mann
die Formen und ihre Essenz.
Ein *Bodhisattva* des großen Fahrzeugs hat absoluten Glauben.
Gewöhnliche Menschen können nicht anders als zweifeln:
Wird die Hütte zusammenstürzen, ja oder nein?
Vergänglich oder nicht, der ursprüngliche Meister ist gegenwärtig
und wohnt weder im Norden noch im Süden,
noch im Osten, noch im Westen.
Verwurzelt in der Beharrlichkeit, kann dies nicht übertroffen werden.
Ein helles Fenster unter den grünen Fichten
kann man nicht vergleichen,
nicht mit Jadepalästen, nicht mit Türmen aus Silber.
Sitzen bleiben, den Kopf bedeckt, alle Dinge sind in Ruhe.
So versteht dieser »Bergmönch« gar nichts mehr.
Er lebt da, wo er ist, und strengt sich nicht mehr an, sich zu befreien.
Wer könnte denn selbstherrlich Sitze anbieten,
um Schüler zu verführen?
Richtet euer Licht nach innen und kehrt um.
Der unendlichen und unfaßlichen Quelle kann man weder
gegenübertreten, noch kann man sie vermeiden.
Trefft die alten Meister, und seid vertraut mit ihrer Lehre.
Bindet Schilfgras, baut eine Hütte, und gebt nie auf.
Laßt Jahrhunderte vorbeiziehen, und entspannt euch völlig.
Öffnet eure Hände, und geht in natürlicher Unschuld.
Die Tausende von Welten und die Unendlichkeit der Begriffe
sind nur da, um euch von euren Fesseln zu befreien.
Wenn ihr den Unsterblichen in seiner Hütte treffen wollt,
dann flieht, hier und jetzt, nicht aus diesem Hautsack!

Sekito Kisen

TOKUSAN SENKAN (782-865) ■ DER DIAMANTSCHNEIDER

Tokusan (Te-shan Hsüan-chien) stammte aus dem Norden Chinas. Er war ein großer Gelehrter und für seine Kommentare des *Kongo kyo*, »Das Diamantschneider-*Sutra*«, bekannt. In diesem Text heißt es, daß man eine unendliche Zeit braucht, um den Buddha-Zustand zu erreichen. Als Tokusan von der Südschule hörte, die behauptete: »Der Geist selbst ist Buddha«, nahm er seine Kommentare und machte sich auf den Weg in den Süden. Er war entschlossen, dieser Irrlehre, denn dafür hielt er sie, sein Wissen entgegenzusetzen.

Vor dem Tempel traf er eine Händlerin mit Reiskuchen. Als er einen kaufen wollte, fragte die Frau interessiert:

»Was tragt Ihr auf Eurer Schulter?«

»Das sind Kommentare über das *Kongo kyo*, das wird Euch nichts sagen.«

»Ich bin nicht gebildet, aber neugierig. Ist es dieser berühmte Text, in dem steht, daß der Geist der Vergangenheit, der Gegenwart und der Zukunft nicht faßbar ist? Mit welchem Geist wollt Ihr also meine Kuchen essen?«

Tokusan war verblüfft und wußte nicht, was er antworten sollte. Da riet ihm die Frau, zu Meister Ryutan zu gehen, dem »Drachen vom See«.

Tokusan wurde Schüler von Ryutan und übte Tag für Tag mit Hingabe Zazen und *Samu*. Da er dessen Lehre aber nicht verstehen konnte, schrie er, außer sich vor Überdruß und Enttäuschung, eines Tages auf: »Ich habe gehört, daß Ryutan der große Drache des Sees sei. Aber im See sehe ich kaum einen Drachen!« Also ließ Ryutan Tokusan zu sich kommen, bis spät in die Nacht hinein. Müde von der Diskussion, gab der Meister ihm frei. Draußen war völlige Dunkelheit, und Ryutan ging eine Fackel holen. Als er sie Tokusan hinhielt, blies er die Flamme aus. Im selben Moment hatte Tokusan das *Satori*.

Ryutan blies die Flamme des Mentalen aus, der Kategorien und des Wissens. Als die Flamme einmal erloschen war, wurde alles ein einziger Geist, ohne Trennung, ohne Unterscheidung: Das Objekt verschwindet, und alles wird eine einzige Wahrheit. Am andern Morgen verbrannte Tokusan seine Kommentare und sagte dazu: »Selbst wenn man die tiefsten Doktrinen gemeistert hat, ist es nur so, als ob man ein Haar in den unendlichen Raum legt. Selbst wenn man das wesentliche Wissen der Welt erschöpft hat, ist es nur so, als würde man einen Tropfen in einen unendlichen Abgrund fallen lassen.« Daraufhin verbeugte er sich und ging.

Wenn du etwas sagst, dreißig Stockschläge. Wenn du nichts sagst, dreißig Stockschläge.

Tokusan Senkan

Mit schiefgetretenen Schuhen, wenn man Berge und Flüsse durchschritten hat und endlich angekommen ist, kann man verstehen, daß unsere Augen uns irregeführt haben.
Taisen Deshimaru

GENSHA SHIBI (835-908) ■ WOHER KOMMT DIESER SCHMERZ?

Gensha (Hsüan-sha Shih-pei), der später Schüler von Seppo Gison (Hsüeh-feng I-ts'un) wurde, war ein Fischerssohn. Eines Tages, als er mit seinem Vater fischte, fiel dieser ins Wasser. Gensha kam ihm nicht zu Hilfe. So hatte er sein Fischer-*Karma* zerschlagen. Er gab sein Boot auf, zog sich in die Berge zurück und wurde Schüler des großen Meisters Seppo. Tag und Nacht praktizierte er den Weg.
Als er es leid war, die Lehre Seppos immer noch nicht zu verstehen, beschloß Gensha, einen anderen Meister aufzusuchen. Er hatte den Berg gerade hinter sich gelassen, da stieß er sich seinen Zeh an einem Stein. Dies rief heftige Schmerzen hervor, dabei hatte er eine plötzliche Erleuchtung:
»Dieser Körper existiert nicht, woher kommt dann dieser Schmerz?« brüllte er und kehrte sogleich zu seinem Meister zurück. Seppo machte sich über ihn lustig:
»Bist du auf Pilgerreise gegangen, nur um dir den Fuß zu verletzen?«
Gensha antwortete:
»Nie wieder lasse ich mich von den anderen verführen.«
Seppo war mit dieser Antwort ganz und gar zufrieden und erklärte:
»Was du mir gerade gesagt hast, müßte vor allen gesagt werden, denn sie haben nicht deine Aufrichtigkeit.« Um ihn auf Herz und Nieren zu prüfen, fragte Seppo noch: »Warum setzt du deine Besuche bei andern Meistern nicht fort?«
»Bodhidharma ist nicht nach China gekommen, und der zweite Patriarch ist nicht nach Indien gegangen.« Seppo schätzte diese Antwort.

Wenn ihr versucht, den Mond im Bach zu fangen, könnt ihr ihn nicht fassen.
Yoka Gengaku

YAKUSAN IGEN (745-828) ■ SELBST ZEHNTAUSEND WEISE KÖNNEN ES NICHT ERKLÄREN

Yakusan (Yüeh-shan Wei-yen) übte bei Sekito und wurde sein Nachfolger. Einmal fragte er seinen Meister:
»Ich kenne die Lehre der drei Fahrzeuge und der zwölf Zweige. Allerdings habe ich gehört, daß es eine Methode gibt, um den Geist, der aus dem Menschen einen Buddha macht, direkt zu erreichen und ihn sein wahres Wesen verwirklichen zu lassen. Ich kann das nicht verstehen. Bitte belehrt mich.«
Sekito antwortete:
»Zu sagen, daß es dies ist, heißt, das Ziel verpassen; zu sagen, daß es dies nicht ist, heißt auch, das Ziel verpassen. Was hältst du davon?«
Yakusan wußte nichts zu sagen. Daraufhin schickte ihn Sekito zu Baso. Bei diesem angekommen, verbeugte sich Yakusan und wiederholte seine Frage. Baso sagte einfach:
»Manchmal lasse ich es die Brauen heben und mit den Augen zwinkern. Manchmal lasse ich es nicht die Brauen heben und mit den Augen zwinkern. Manchmal ist das, was die Brauen hebt und mit den Augen zwinkert, dieses, manchmal ist das, was die Brauen hebt und mit den Augen zwinkert, nicht dieses. Wie denkst du darüber?«
Bei diesen Worten erwachte Yakusan schlagartig. Er verbeugte sich vor dem Meister und sagte: »Lange Zeit war ich wie eine Mücke, die einen eisernen Ochsen stechen will.«
Einmal, als er Zazen machte, fragte ihn Sekito:
»Was machst du?«
»Ich mache nichts.«
»Weswegen sitzt du also?«
»Wegen nichts.«
»Aber was ist etwas machen, was ist nichts machen?«
»Selbst zehntausend Weise können es nicht erklären.«

UNGAN DONJO (780-841) ■ NICHT EIN EINZIGES WORT

Ungan (Yün-yen T'an-sheng) verbrachte sein Leben nur in Konzentration auf Zazen und *Samu*. Er übte zuerst zwanzig Jahre lang bei Hyakujo. Nach dessen Tod begab er sich zu Yakusan, erhielt seine Ordination und wurde sein Nachfolger.
Eines Tages sagte Ungan zu seinen Schülern:
»Hier ist der Sohn einer gewissen Familie. Wenn man ihm Fragen stellt, gibt es nichts, auf das er nicht eine Antwort hätte.«
»Wie viele Texte besitzt er?« fragte sein Schüler Tozan.
»Nicht ein einziges Wort«, antwortete Ungan.
Tozan fragte weiter: »Woher kommt dann sein Wissen?«
»Tag und Nacht übt er, ohne zu schlafen.«
»Könnte ich ihn noch etwas fragen?« beharrte Tozan.
»Selbst wenn er antworten könnte, würde er nichts sagen.«
Am Tag seiner Abreise wandte sich Tozan an seinen Meister:
»Wenn mich nach Eurem Tod jemand aufsucht, um Euer Porträt zu malen, was soll ich ihm antworten?«
»Sag ihm nur: ›Dies ist so.‹«
Tozan schwieg, und Ungan fügte hinzu:
»Erwäge diese Worte sorgfältig.«

Auch wenn unsere Worte richtig sind, auch wenn unsere Gedanken genau sind, entsprechen sie nicht der Wahrheit.
Sosan

TOZAN RYOKAI (807-869) ■ DER SCHATZSPIEGEL

Der Erbe von Ungan, Tozan (Tung-shan Liang-chieh), wurde der elfte Meister in der Linie nach Bodhidharma.
Als er eines Tages eine Brücke überquerte, sah er sein Spiegelbild im Wasser und begriff schlagartig die letzte Unterweisung von Ungan. Er drückte es in folgendem Gedicht aus:
»Sucht es nirgends, oder es wird euch entschlüpfen. Jetzt bin ich allein, und ich treffe es überall. Hier und jetzt ist es ich, hier und jetzt bin ich es nicht. Es ist nur so.«
Ausgehend von diesem Gedicht schrieb Tozan später das *Hokyo zanmai*, »*Samadhi* des kostbaren Spiegels«, sein wichtigstes Werk, einer der bekannten Texte des *Soto*-Zen. Es drückt die Konzentration in Zazen aus.

Es ist nur so.

Verwirrt von den Worten fallt ihr in den Abgrund.
Im Zwist mit den Worten geratet ihr auf den Holzweg des Zweifels.
Als ob ihr euch im Spiegel betrachtet:
Ihr seid nicht das Spiegelbild, aber das Spiegelbild seid ihr.
Wenn ein Unterschied geschaffen wird, auch nur ein winziger,
kann dies mit dem Rhythmus der Musik nicht in Harmonie kommen.

Tosan Ryokai

UNGO DOYO (?-909) ■ DER IN DEN WOLKEN LEBT

Ungo Doyo (Yün-chü Tao-ying), dessen Namen bedeutet, »der unter Wolken lebt«, war Schüler von Tozan. Bei seinem ersten Zusammentreffen mit seinem Meister fragte ihn dieser:
»Wie heißt Ihr?«
»Ich heiße Ungo.«
»Und jenseits dieses Namens, wer seid Ihr?« fing Tosan wieder an.
»Jenseits von Ungo kann nichts genannt werden!«
Ungo übte nur Zazen, ohne sich um etwas anderes zu kümmern. Unter den Schülern von Tozan wurde er als der bedeutendste eingeschätzt. Er war es auch, der dessen Linie fortsetzte. Eines Tages fragte ihn ein Mönch:
»Was muß ein Übender lieben?«
»Was unser Bewußtsein nicht erreichen kann«, antwortete er.
Nach Ungo hatte Zen eine Periode des augenscheinlichen Erlöschens, der Zurückgezogenheit, die einer Zeit der Verbannung des Buddhismus in China am Ende der Tang-Dynastie entsprach. Nach fünf Generationen von Meistern, von denen man wenig weiß, nahm Zen einen neuen Aufschwung und strahlte von neuem aus mit Meister Fuyo Dokai.

Jenseits der Wolken ein weiter blauer Himmel, unter den Wolken grollt der Donner.
Kodo Sawaki

FUYO DOKAI (1043-1118) ■ ICH, WILDER MÖNCH

Fuyo Dokai (Fu-ying Tao-kai) zog sich in ein weit entferntes Gebirge zurück. Er ließ sich bei einem kleinen See auf dem Fuyo-Berg nieder. Siebenhundert Personen drängten sich dort, um seiner Lehre zu folgen. Er wurde bekannt durch die legendäre »Fuyo-Dokai-Suppe«, dem Ursprung der *Guen-mai*. Eines Tages, als er eine Unterweisung gab, sprach Fuyo Dokai vom *Gion shogi*, dem Geist der Übung im *Dojo*.
»Ich, der wilde Mönch, erkläre jetzt folgendes: Die Mönche müssen die unreine Tätigkeit des Geistes hassen, jenseits des Lebens und des Todes sein, das bewußte Geistige anhalten und komplizierte Verhältnisse zurückweisen. So heißen die Mönche *Shukke*, ›außerhalb der Bleibe‹. Laßt euer Leben nicht scheitern wegen der Suche nach persönlichem Profit oder der Sorge um euer eigenes Wohlergehen. Ich bitte euch, werft die beiden Köpfe weg und auch den in der Mitte. Selbst wenn ihr der Stimme oder der Farbe begegnet, müßt ihr handeln, als ob ihr Blumen auf Stein pflanzt. Selbst wenn ihr Profit und Ehre heraufziehen seht, müßt ihr handeln, als ob ihr euch Staub aus den Augen wischt.

Seit dem Ursprung der Geschichte der Menschheit haben wir eine schlechte Wanderung durch die Wiedergeburten fortgesetzt. Gewiß, wir verstehen, was gut oder schlecht ist, aber wir handeln, als ob wir den Schwanz an die Stelle des Kopfes setzen wollten. Das ist der Grund, warum wir leiden und in unseren Wünschen verschmachten. Wenn wir sie nicht hier und jetzt anhalten, wo es uns möglich ist, wenn wir nicht hier und jetzt das wahre *Gyoji* ausüben, wann werden wir es dann tun? Eine große Zahl von Patriarchen hat gelehrt, daß wir mit unseren Illusionen von Hier und Jetzt aufhören müssen. Hier und jetzt müssen wir alle dunklen Seiten der Wirklichkeit zurückweisen. Wenn wir in unserem Geist friedlich werden können, brauchen wir weder Buddha noch Patriarchen. Alle Komplikationen der gesellschaftlichen Welt verwandeln sich und werden natürlich und einfach. Dann ist es möglich, in Harmonie zu kommen mit dem fundamentalen Weg, mit dem *Dharma*...
Bitte, wenn ihr *Gyoji* mit eurem Körper übt, könnt ihr der Mensch des wahren Weges werden. Dieses *Gyoji* ist an sich schon ausreichend, um den Weg zu suchen. Für den Weg genügt es, *Gyoji* auszuüben. Wenn ihr das nicht akzeptiert, dann verliert ihr wirklich eure Zeit für die Ewigkeit...«

> Ich jedenfalls kann euch nicht erziehen, denn ihr müßt schließlich selbst verstehen.
> Fuyo Dokai

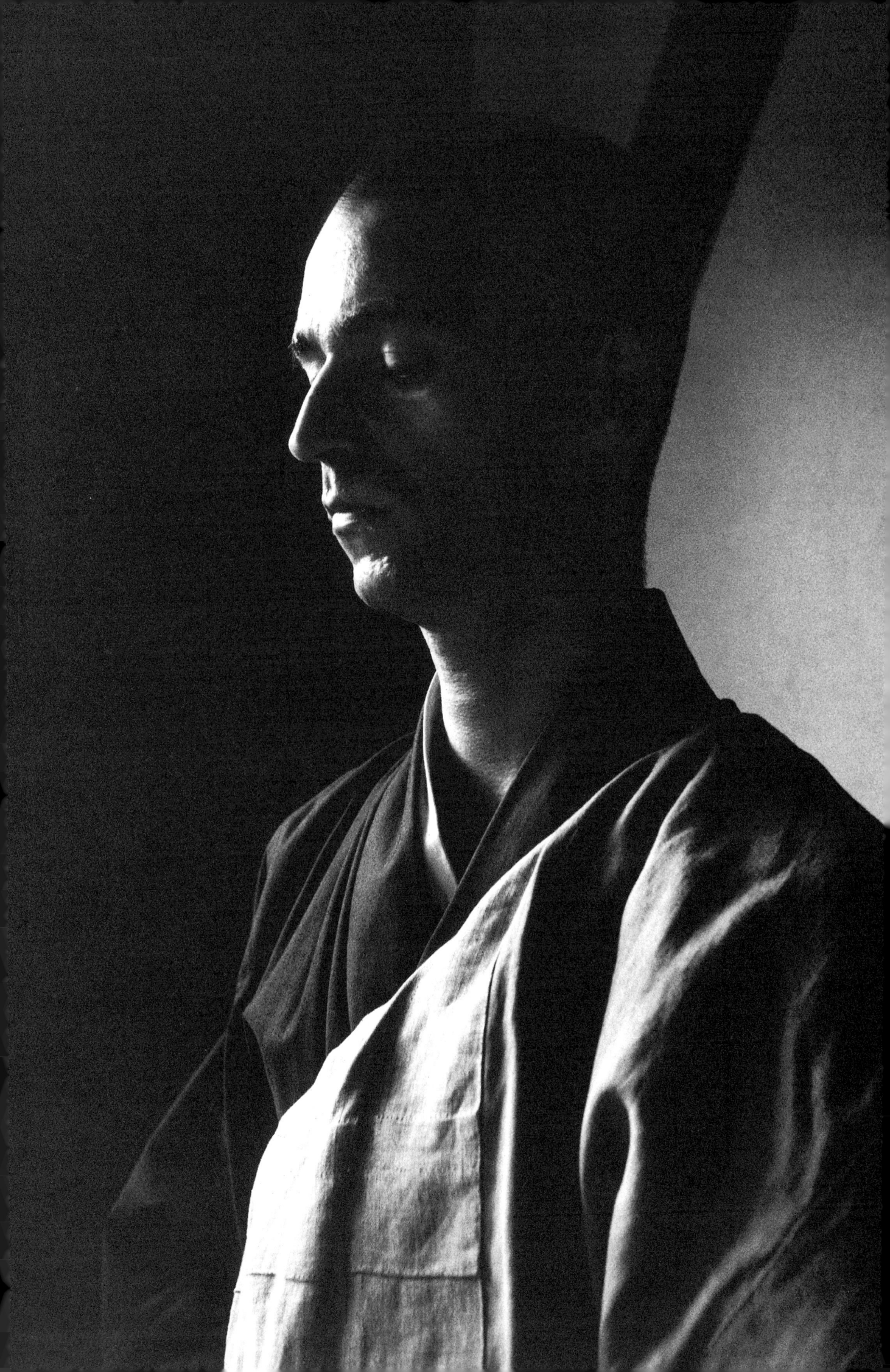

Für den, der in der Stille die Worte vergißt, tritt die Wirklichkeit klar zutage.
Derjenige, der die stille Erweckung erlangt, gehört zu unserer Tradition.
Die stille Erweckung steigt bis zum höchsten Gipfel hinauf und in die tiefste Tiefe hinab.
Wanshi Shogaku

WANSHI SHOGAKU (1091-1157) ■ DIE SCHWEIGENDE ERWECKUNG

Wanshi (Hung-chih Cheng-chüeh) legte großen Wert auf die schweigende Erweckung, *Mokusho-Zen*, im Gegensatz zum Zen der *Koan*, das sich zu dieser Zeit in China verbreitete. Er liebte das stille Sitzen in Zazen und übte es ununterbrochen.

Das Wesen seiner Praxis hat sich in seinem Werk *Zazen-Shin*, »Ratschläge für eine richtige Zazen-Praxis«, niedergeschlagen. Es wurde zum grundlegenden Text der Philosophie des *Soto*-Zen:

»Das *Satori,* der Weg aller Buddhas und aller Patriarchen, kann in seinem wahren Aspekt wahrgenommen werden, wenn man ohne Ziel ist. Es kann gesehen und verstanden werden jenseits aller Beziehungen mit den andern. Ohne Ziel heißt, ohne das Objekt zu berühren, was das vollkommene Verstehen der Intelligenz an sich bedeutet. Diese Intelligenz ist Bestandteil der unsichtbaren Kraft, die selbst *Ku* ist, weder persönliches Bewußtsein noch Wertung.

Strahlen, leuchten, ohne von irgendeiner Beziehung abzuhängen, bedeutet, daß die Erleuchtung aus ihrem eigenen Licht erstrahlt wie das Leuchten eines Edelsteins, der aus sich selber strahlt. Diese Kraft oder dieses Glänzen ergibt sich aus der außerordentlichen Handlung des Selbst. Sie hängt nur von *Fushiryo* ab, dem Nicht-Denken, das die Weisheit der Intuition ist, die Weisheit Buddhas. Diese unsichtbare Kraft muß durch das Selbst verstanden werden, ohne das Objekt zu berühren, das heißt: ohne Ziel.

Die Weisheit Buddhas, die sich selbst erleuchtet, hat keine Spur von Illusion oder von *Satori*. Die Kraft dieser Weisheit ist von Natur aus frei wie der Fisch, der frei in einem klaren Gewässer schwimmt; wie der Vogel, der frei im unbegrenzten Himmel fliegt.«

TENDO NYOJO (1163-1228) ■ LEBEN UND TOD SIND DIE GROSSE SACHE

Gyoji, die Übung mit dem Körper, die wahre Konzentration von Meister Fuyo Dokai und der philosophische Aspekt von Meister Wanshi flossen zusammen, und einige Generationen später entstand daraus das *Soto*-Zen, wie es von Meister Nyojo (T'ien-t'ung Ju-ching) begründet werden sollte.

Die Erziehung von Nyojo war sehr streng. »Zen, das ist Zazen, *Shikantaza*«, sagte er. Jeden Tag stand er um zwei oder drei Uhr morgens auf und machte Zazen bis um zehn oder elf Uhr abends. Wenn ein Mönch einschlief, schlug er ihn mit der Faust oder mit einer Sandale. Er lehrte:

»Was nützt es, sein Leben schlafend zu verbringen? Warum versammelt ihr euch im *Dojo*? Was ist letzten Endes der Sinn von alledem? Das Leben und der Tod sind die große Sache. Alles ist unbeständig und ändert sich schnell. Heute noch können wir krank werden. Wir kennen den Augenblick unseres Todes nicht. Während ihr lebt, ist es dumm, die Zeit unnütz verstreichen zu lassen, ohne das *Dharma* Buddhas zu praktizieren. Schließlich nimmt das *Dharma* ab, weil niemand zur Zazen-Übung anspornt.«

Nyojo war das lebende Beispiel seiner Lehre, und sein ganzes Leben war dem Heil des Weges gewidmet, der Zazen-Übung. Er sagte zu seinen Schülern:

»Seit ich neunzehn bin, habe ich dieses Land nach einem Meister abgesucht, ohne einen einzigen zu finden. Seit ich neunzehn bin, gab es keinen einzigen Tag und keine einzige Nacht, in der ich nicht Zazen geübt hätte. Lange bevor ich Verantwortlicher für den Tempel wurde, habe ich mit den Bekannten aus meinem Geburtsland nicht mehr gesprochen, denn ich kann es nicht leiden, meine Zeit zu verlieren. Ich habe nur in den Tempeln gelebt und niemals irgendeine andere Behausung betreten. Wohlgemerkt, ich habe niemals Zeit verschwendet, zu meinem Vergnügen Berge oder Strände zu besuchen. Außerhalb der gewöhnlichen Zazen-Zeiten ging ich im Sommer an kühle Stellen und im Winter an Stellen, die der Kälte weniger ausgesetzt waren, um Zazen zu üben, bis an den Rand tiefer Abgründe. Ich behielt immer die Haltung Buddhas als Vorbild in meinem Geist. In der Zeit, als ich an Hämorrhoiden litt, übte ich trotzdem mit äußerster Hingabe Zazen.«

Wenn ihr eure Füße hier und jetzt vorwärts bewegt, gibt es weder nah noch weit. Der geringste Zweifel trennt um eine so große Entfernung, wie ein Berg entfernt ist vom Fluß.
Sekito Kisen

Do, der Weg.

JAPAN
13. JAHRHUNDERT – 20. JAHRHUNDERT

DOGEN KIGEN (1200-1253) ■ DER ALTE KOCH

Im dreizehnten Jahrhundert begab sich der japanische Mönch Dogen nach China. Er war auf der Suche nach der authentischen Lehre Buddhas. Bei Meister Nyojo fand er schließlich, was er in seinem eigenen Land vergeblich gesucht hatte. Bei seiner Rückkehr führte er die echte Zen-Praxis ein. Obwohl er ganz und gar nicht beabsichtigt hatte, seine Lehre als »Schule« abzugrenzen, wurde er dennoch zum Begründer des *Soto*-Zen in Japan.

Dogen kam aus einer aristokratischen Familie und studierte zunächst den *Tendai*-Buddhismus. Da die Unterweisung, die er erhielt, seine Fragen nicht beantwortete, ging er, um weiter zu lernen, zu Eisai, dem Begründer der *Rinzai*-Schule in Japan. Immer noch unbefriedigt, beschloß er, nach China zu gehen.

Bei seiner Ankunft blieb Dogen einige Zeit an Bord des Schiffes, um seine Rundreise vorzubereiten. Ein alter Mönch kam, um japanische Pilze zu kaufen. Er war über siebzig Jahre alt und Koch in einem Tempel in den Bergen. Sein Gesicht strahlte große Tiefe aus, und Dogen war beeindruckt. Er wollte mit ihm sprechen und lud ihn ein, die Nacht auf dem Schiff zu verbringen. Der Mönch antwortete, daß er am selben Abend zum Tempel zurückkehren müsse, um das Essen zuzubereiten.

»In einem so großen Kloster wie dem Euren«, sagte Dogen, »gibt es sicherlich andere Mönche, die Euch vertreten können.«

»Ich bin *Tenzo,* der Koch, wie könnte ich anderen überlassen, was ich tun muß?«

»Verehrenswürdiger Mönch«, sagte Dogen, »warum sollte jemand, der so alt ist wie Ihr, diese derart harte Arbeit machen, anstatt die *Sutras* zu studieren und den Weg zu üben?«

Der Mönch brach in Gelächter aus und sagte:

»Junger Freund aus der Fremde, Ihr scheint wohl wenig zu wissen, was die Lehre und die Praxis des Zen bedeuten!«

Bei einem anderen Zusammentreffen mit dem alten Koch fragte Dogen: »Was ist also der Sinn der *Sutras*?«

»Eins, zwei, drei, vier, fünf«, antwortete der *Tenzo.*

Die Worte sind nur Worte. Dogen fragte noch:

»Was ist die wahre Übung des Weges?«

»Nirgends ist der Weg verborgen.«

Dogen war bei dieser Antwort wie vom Donner gerührt. Sie löste in seinem Geist eine Revolution aus. Er realisierte, daß der Weg hier und jetzt ist, in der Ausübung jeglicher Sache.

Es ist nicht nötig, der Lektüre der *Sutras* oder den Zeremonien zuviel Bedeutung beizumessen. Zazen muß alles mit einbeziehen und die Quelle aller Handlungen des Alltags sein.

Nachdem er zahlreiche Tempel besucht hatte, war er enttäuscht, denn er hatte keinen wahren Meister gefunden. Dogen traf bereits Vorkehrungen, China zu verlassen, als er einen anderen alten Mönch traf, der ihm von Meister Nyojo erzählte. Er folgte dessen Rat und ging zu Nyojo, der damals Vorsteher des Tempels Keitoku-ji auf dem Berg Tendo war.

Von den ersten Augenblicken ihres Zusammentreffens an verband sie eine tiefe Vertrautheit.

Eines Tages, beim Zazen, schlug Nyojo einen jungen Mönch, der eingeschlafen war, und brüllte dabei: »*Shin jin datsu raku!*« (Körper und Geist aufgeben.) Dogen erweckte sich schlagartig.

Nachdem er Nachfolger von Nyojo geworden war, kehrte Dogen nach Japan zurück. Als man wissen wollte, was er mitgebracht hätte, erklärte Dogen:

»Ich bin mit leeren Händen wiedergekommen. Alles, was ich euch sagen kann, ist dieses: Die Augen sind waagerecht und die Nase ist senkrecht. Morgen für Morgen geht im Osten die Sonne auf, und der Hahn schreit in der Dämmerung. Jedes vierte Jahr hat der Monat Februar neunundzwanzig Tage.«

Er zog sich in den Tempel Kennin-ji zurück und schrieb das *Fukanzazengi,* »Die universellen Regeln für die Zazen-Übung«.

Einige Jahre später gründete er Eihei-ji, »Tempel des ewigen Friedens«. Dann begann er die Abfassung der ersten Kapitel seines monumentalen Werks: *Shobogenzo,* »Das Auge des Schatzes des wahren Gesetzes«, des wichtigsten Werks des *Soto*-Zen.

Für Zazen empfiehlt sich ein ruhiger Raum.
Eßt und trinkt mäßig.
Weist jede Verpflichtung zurück, und gebt jede Sache auf.
Denkt nicht: »Dies ist gut, jenes ist schlecht.«
Ergreift nicht Partei, weder für noch gegen etwas.
Haltet alle Bewegungen des bewußten Geistes an.
Beurteilt nicht Gedanken und Perspektiven.
Habt keinerlei Wunsch, ein Buddha zu werden.
Zazen hat absolut nichts zu tun
mit sitzender oder liegender Haltung...
Das Zazen, von dem ich rede,
ist nicht das Erlernen der Meditation,
es ist nichts anderes
als das *Dharma* des Friedens und des Glücks,
die Praxis-Verwirklichung vollkommener Erweckung.
Zazen ist der Ausdruck der endgültigen Wirklichkeit.
Die Fallen und die Netze können es niemals erreichen.
Wenn ihr einmal sein Herz erfaßt habt,
seid ihr wie der Drache, wenn er ins Wasser eintaucht,
oder wie der Tiger, der wieder in seinen tiefen Wald kommt...
Dieses bedeutet, es ist kaum wichtig, ob man intelligent ist
oder nicht.
Es gibt keinen Unterschied zwischen dem Klugen und dem Dummen.
Die Bemühung, sich mit einem einzigen Geist zu konzentrieren
ist in sich selbst schon den Weg bewältigen.
Die Praxis-Verwirklichung ist rein von Natur aus.
Vorwärtsschreiten ist eine Sache der Alltäglichkeit...
Ich bitte euch, verehrte Zen-Schüler,
die ihr seit langem gewohnt seid,
den Elephanten im Dunkeln zu ertasten,
fürchtet nicht den wahren Drachen...
Eure Schatzkammer wird sich von selbst öffnen,
und ihr werdet von ihr Gebrauch machen können,
wie es euch gefällt.

Dogen Kigen

KOUN EJO (1198-1280) ■ SPEICHER DER GROSSEN WEISHEIT

Ejo war der große Schüler von Dogen. Nach dem Tod seines Meisters fuhr er fort, dessen Lehren aufzuschreiben. Diese Notizen haben die Verbreitung der meisten Texte des *Shobogenzo* erst möglich gemacht. Gegen Ende seines Lebens schrieb er das *Komyozo Zanmai*, »Das *Samadhi* des Speichers der großen Weisheit«. Der Text blieb geheim bis zur Meiji-Ära im neunzehnten Jahrhundert. Nur Menschen, die für fähig gehalten wurden, den Weg zu praktizieren, war es erlaubt, ihn zu lesen. Hier ein Teil daraus:

»Ich empfinde tiefen Respekt für euch, die ihr weiter Zazen übt, im Geist, wie ich ihn beschreiben will:

Ohne nach etwas zu greifen, was es auch sei, ohne irgendein Ziel zu haben. Ohne beeinflußt zu sein von eurem persönlichen Wissen. Ohne Genugtuung zu zeigen über die Erfahrungen, die ihr im *Dojo* gesammelt habt. Werft mit aller Kraft euren Körper und euren Geist in *Komyozo*, den ›Speicher der großen Weisheit‹, ohne euch umzudrehen, um die Zeit zu betrachten. Sucht nicht das *Satori*. Versucht nicht, auf illusorische Erscheinungen zu hören. Haßt nicht die Gedanken, die auftauchen, liebt sie auch nicht, und vor allem: unterhaltet sie nicht. Jedenfalls müßt ihr das große Sitzen üben, hier und jetzt. Wenn ihr einen Gedanken nicht unterhaltet, wird er von selbst nicht wiederkommen. Wenn ihr euch der Ausatmung übergebt und euch von der Einatmung anfüllen laßt, in einem harmonischen Kommen und Gehen, bleibt nichts als ein *Zafu* unter dem leeren Himmel, das Gewicht einer Flamme. Wenn ihr nichts erwartet von dem, was ihr tut, und von euch weist, irgend etwas zu werten, könnt ihr alles abschneiden, nur durch die Praxis von Zazen...

Ich habe diesen Text geschrieben für meine Gefährten im Zazen, damit sie keine irrtümlichen Standpunkte haben mögen, sowohl, um mich selbst zu vervollkommnen, als auch, um den anderen zu helfen.«

Wenn ihr euch der Ausatmung übergebt
und euch von der Einatmung anfüllen laßt,
in einem harmonischen Kommen und Gehen,
bleibt nichts als ein *Zafu* unter dem leeren Himmel,
das Gewicht einer Flamme.

Koun Ejo

Lernen und denken ist wie vor dem Tor bleiben, in Zazen sitzen ist wie zu sich nach Hause zurückkehren und sich in Frieden hinsetzen.
Buddha

KEIZAN JOKIN (1268-1325) ■ DER OZEAN DER ERWECKUNG

Meister Keizan war der dritte Nachfolger von Meister Dogen nach Koun Ejo und Tettsu Gikai (1219-1309). Durch Keizan verbreitete sich das wahre Zen, wie Dogen es weitergegeben hatte, in ganz Japan. Er gründete dort zahlreiche Tempel, deren wichtigster, Soji-ji, bis heute einer der beiden Haupttempel des *Soto*-Zen ist.

Keizan verwirklichte die Erweckung, als er die Kommentare von Gikai über ein Koan von Joshu hörte: »Der Weg ist der gewöhnliche Geist.« Er schrieb das *Denkoroku*, »Die Geschichte der Weitergabe der Erweckung seit Buddha Shakyamuni«, und das *Zazen Yojinki*, »Empfehlungen für die Zazen-Praxis«. Daraus hier einige Auszüge:

»Zazen ermöglicht den Menschen einfach, ihren Geist zu erwecken und frei und ungezwungen in ihren ursprünglichen Fähigkeiten zu bleiben. Das nennt man sein ursprüngliches Gesicht zeigen und seine grundlegende Natur offenbaren.

Körper und Geist fallen ab, unwichtig, ob man sitzt oder liegt. So denken wir nicht mehr an Gut oder Schlecht, und wir können das Gewöhnliche und das Heilige transzendieren. Wir können über jegliche Vorstellung von Illusion und Erleuchtung hinausgehen und die Schwelle zwischen den Lebewesen und den Buddhas vollkommen überschreiten… So führt Zazen direkt in den Ozean der Erweckung und wird zum Ausdruck der Körper aller Buddhas. Der unbegreiflich klare, ursprüngliche Geist wird plötzlich offenbar, das ursprüngliche Licht leuchtet überall. Im Ozean nimmt nichts zu, nichts ab, und die Wellen gehen niemals rückwärts. Die Erweckten sind in der Welt erschienen, mit dem einzigen Ziel, den Menschen die Kenntnis und die Vision des *Satori* zu bringen. Sie hatten eine friedliche Kunst, tadellos und subtil, Zazen genannt, ein Zustand der Aufnahmefähigkeit, der König aller Zustände der Konzentration. Wenn wir in dieser Aufnahmefähigkeit verweilen, erhellen wir direkt unseren Geist. So realisieren wir, daß dies das Haupttor auf dem Weg des *Satori* ist…

Buddha hat gesagt: ›Lernen und denken ist wie vor dem Tor bleiben, in Zazen sitzen ist wie zu sich nach Hause zurückkehren und sich in Frieden hinsetzen.‹ Wie wahr das ist!…

Ein alter Mönch hat gesagt: ›Wenn die Rede aufhört, kommt die Ruhe, wenn die Ruhe eintritt, erscheint die Weisheit, und wenn die Weisheit erscheint, wird die Wirklichkeit gesehen.‹

Der Geist kann den Anschein haben, sich zu verdunkeln oder davonzufliegen, er kann manchmal verdrießlich scheinen, manchmal geschliffen. Manchmal seht ihr außerhalb des Raums, manchmal könnt ihr durch euern Körper sehen, manchmal seht ihr Formen von Buddha oder *Bodhisattva*. Manchmal versteht ihr die Schriften und die Traktate. Außerordentliche Dinge wie diese sind Krankheiten, an denen der Mangel an Harmonie zwischen dem Bewußtsein und der Atmung schuld ist…

Selbst wenn ihr die Unterweisung nicht für euch behalten sollt, sprecht nicht darüber, außer wenn man euch fragt: Bleibt die ersten drei Male still, und geht bei der vierten ernsthaften Frage darauf ein. Von zehn Dingen, die ihr sagen wollt, laßt neun beiseite. Wachse Schimmel um euern Mund wie ein Fächer im Winter, wie eine in der Luft aufgehängte Glocke. Den Wind in allen Richtungen nicht zu fragen ist eine Eigenschaft der Menschen des Weges. Folgt einfach den Prinzipien der Lehre, befaßt euch nicht mit der Person: Geht auf dem Pfad und beglückwünscht euch nicht – das ist der wichtigste Punkt, an den man sich erinnern sollte…«

Die beiden großen Schüler und Nachfolger von Keizan waren Gassan Joseki (1275-1365) und Meiho Sotetsu (1277-1350). Gassan hatte zahlreiche Schüler, und seine Linie setzt sich bis heute fort, genauso wie die Linie von Meiho, die durch fünfundzwanzig Generationen von Meistern ging bis zu Kodo Sawaki (1880-1965).

In der Geschichte des Zen gab es auch einige besondere und exzentrische Meister wie Ikkyu und Ryokan.

Das reine Land liegt zehn Milliarden Welten entfernt von hier.
Wie könnte ich dort hingelangen mit nur einem Paar Strohsandalen?
Ikkyu Sojun

IKKYU SOJUN (1394-1481) ■ VERRÜCKTE WOLKE

Ikkyu war ein illegitimer Sohn des Kaisers. Seine Mutter wurde verjagt und vertraute das Kind einem buddhistischen Tempel an. Von Kindheit an zeigte Ikkyu großes Talent für die Dichtkunst. Noch als Jugendlicher traf er den Meister Kaso Sodon (1352-1428), der ihm eine strenge Erziehung gab. Von ihm erhielt er die Bestätigung der Weitergabe, die er schließlich öffentlich verbrannte. Nach dem Tod seines Meisters führte er ein Leben als Wandermönch und lehnte Rang und Titel ab. Er kritisierte die Mönche, wobei er ihnen vorwarf, nur der Kleidung nach religiös zu sein und von einem weit entfernten reinen Land zu träumen. Ikkyu ging frei unters Volk, ohne sich um die Mönchsregeln zu scheren. Er liebte Musik, gutes Essen und Frauen, die er oft in seinen zahlreichen Gedichten erwähnte. Er gab sich selbst den Namen »Verrückte Wolke«.

Am Neujahrstag pflegte Ikkyu durch die Straßen zu gehen, mit einem Stock, an den er eine Kalligraphie mit dem Zeichen für »Skelett« geheftet hatte. Wenn man ihn fragte, was das bedeuten sollte, erklärte er:

»Glück gibt es nur für den, der wie dieses Skelett das Problem des Todes gelöst hat. Unter dem Fleisch, um das ihr euch jetzt so sorgt und an dem ihr euch dermaßen freut, rührt sich dieses Skelett. Ihr solltet euch mit dieser Sichtweise vertraut machen. Es gibt dabei keinerlei Unterschied zwischen Mann und Frau, zwischen niedrig und erhaben, jung und alt. Erst wenn ihr diese Tatsache erkannt habt, werdet ihr die unwandelbare Wahrheit erfassen.«

Nach dreißig Jahren Wanderschaft, im Alter von sechzig Jahren, ließ sich Ikkyu in einem Tempel nieder, den seine Schüler gebaut hatten. Bis zu seinem Tod im Alter von siebenundachtzig Jahren half er dem leidenden Volk. Seine Persönlichkeit ist bis heute lebendig geblieben.

DAIGU RYOKAN (1758-1831) ■ TAUTROPFEN AUF EINEM LOTUSBLATT

Ryokan ist eine außergewöhnliche Gestalt in der Geschichte des Zen. Im Alter von siebzehn Jahren wurde er Mönch. Nachdem er seinen Meister Kokusen getroffen hatte, übte er mit ihm zwölf Jahre lang Zazen im Tempel Entsu-ji. Kokusen gab ihm den Namen Ryokan, »Weite Güte«. Später nannte Ryokan sich selbst Daigu, »Großer Idiot«. Nach dem Tod seines Meisters lehnte er die Position als Leiter des Tempels ab und ließ sich in einer verlassenen Einsiedelei nieder. Bis zu seinem Tod lebte er in extremer Armut. Das Leben von Ryokan ist das Symbol der höchsten spirituellen Dimension. Durch Betteln brachte er das Nötigste für seine bescheidenen Bedürfnisse auf, und wenn er mehr erhielt als den Tagesbedarf, verschenkte er es sofort. Niemals unterwies oder predigte Ryokan, aber sein Leben selbst war ein lebendiger Vortrag. Seine Liebe zu Kindern, mit denen er ganze Tage spielte, ist sprichwörtlich geblieben. Er sagte: »Mit Kindern spielen ist die höchste Form des Zen.« Ryokan schlief, wenn er müde war, trank ungezwungen und schloß sich oft Festen und sommerlichen Tänzen an.

Eines Nachts drang ein Dieb in seine kleine Einsiedelei ein und fand nichts zum Stehlen, aber er bemerkte Ryokan, der unter seiner

Decke eingeschlafen war. Schnell nahm der Dieb die Decke an sich und floh. Die Kälte weckte Ryokan, der niesend feststellte, daß ihm seine Decke gestohlen worden war! Der Mond schien wunderbar am Himmel, und Ryokan konnte ihn von seinem Fenster aus sehen; da schrieb er dieses Gedicht:
»O wundervoller Mond, der so schön in mein Fenster scheint,
warum hat ihn der Dieb denn nicht mitgenommen?«
Im Alter von neunundsechzig Jahren traf Ryokan eine junge Frau, Teishin. Sie empfand große Bewunderung für ihn und half ihm liebevoll bis zum Ende seines Lebens als Schülerin und Freundin. Sie sammelte auch seine Gedichte unter dem Titel »Tautropfen auf einem Lotusblatt«. Heute wird er als einer der größten Kalligraphen betrachtet, und die Originale seiner Gedichte gehören zum Nationalschatz des kulturellen japanischen Erbes.

Meine Hütte steht mitten im tiefen Wald, jedes Jahr wächst das wilde Gras dichter. Keinerlei Nachricht vom Treiben der Menschen. Manchmal von weitem Holzfällergesang. Die Sonne scheint, und ich flicke mein Kleid. Wenn der Mond aufgeht, lese ich Zen-Gedichte. Ich habe euch nichts zu sagen, Freunde, aber wenn ihr verstehen wollt, dann rennt nicht so vielen Dingen nach.
Daigu Ryokan

KODO SAWAKI (1880-1965) ■ DER MÖNCH OHNE BLEIBE

Kodo Sawaki, genannt »Kodo ohne Bleibe«, wollte dem Zen neues Leben einhauchen, indem er es aus den Tempeln herausholte, die im Formalismus erstarrt waren. Er kritisierte heftig das Berufsmönchstum, jene Mönche, die lediglich eine religiöse Karriere verfolgten, oft vom Vater auf den Sohn vererbt, wo die Bestätigung wie ein Diplom aufgefaßt wurde und so die wirkliche Bedeutung des Zen verlorenging.

Viele Schüler folgten Kodo Sawaki, sowohl Laien als auch Mönche. Er wurde für sein einfaches und freies Leben in ganz Japan respektiert und bewundert. Bei seinen *Sesshins* lehrte er die reine Übung von *Shikantaza*.

Als Kodo Sawaki fünf Jahre alt war, starb seine Mutter, und im Alter von acht Jahren verlor er seinen Vater. Er wurde von einem Freund seines Onkels adoptiert, einem trägen und schwachen Mann, der nur an Tabak und Sex glaubte. Im Alter von dreizehn Jahren mußte Kodo arbeiten, um sich zu ernähren. In einem zwielichtigen Viertel wurde er von Spielern als Wachposten eingesetzt. Nachdem er den Tod eines alten Mannes in einem Bordell erleben mußte, kamen ihm die Unbeständigkeit des Lebens und die Unsinnigkeit eines solchen Todes zu Bewußtsein.

Ohne Familie, ohne Freunde, ohne Geld, sechzehn Jahre alt, begab er sich zu Fuß zum Tempel Eihei-ji. Die Mönche hielten Kodo für einen Landstreicher und weigerten sich, ihn aufzunehmen. Er verlor nicht den Mut und blieb beharrlich, so lange, bis man ihn in den Tempel ließ. Kodo bekam die Aufgabe, in der Küche den Reis zu schälen wie der sechste Patriarch Eno, und er blieb einige Jahre in Eihei-ji. Während seiner späteren Reisen traf er Meister Koho, von dem er bestätigt wurde.

Als der chinesisch-japanische Krieg ausbrach, schickte man ihn an die Front. Eines Tages traf ihn eine Kugel in den Mund. Man hielt ihn für tot und ließ ihn zurück. Er wurde auf einen Leichenhaufen geworfen. Schwer verwundet und unfähig, sich zu bewegen, blieb er mehrere Tage unter den verwesenden Toten. Man entdeckte ihn schließlich und schickte Kodo wieder nach Japan, da er kriegsverletzt war. Er zog sich in eine verlassene Einsiedelei zurück, denn er hatte enttäuscht erkennen müssen, daß das Üben von Zazen aus dem japanischen Zen praktisch verschwunden war. Er schlief wenig, verbrachte seine Tage und Nächte damit, Zazen zu praktizieren, und studierte das *Shobogenzo* von Meister Dogen.

Nach einigen Jahren solchen Lebens, in denen ihm einige glühende Anhänger als Schüler folgten, unter ihnen Taisen Deshimaru, verbreitete er seine Lehre in allen Winkeln Japans, von Großstädten bis zu kleinen Fischerdörfern, von Universitäten bis zu Gefängnissen.

1965, als er im Sterben lag, übergab er Taisen Deshimaru seine *Kesa* und seine Schalen und bat ihn, seine Nachfolge anzutreten.

Das *Shikantaza* von Meister Dogen ist,
insbesondere zu beobachten und zu sehen,
daß unsere Illusionen, unsere schlechten Seiten
wie treibende Blasen sind, die die Krebse verursachen…

Die Menschen ändern sich die ganze Zeit.
Von morgens bis abends fahren sie fort,
sich zu ändern wie ein Chamäleon,
und so stehen sie eines Tages dem Tod gegenüber,
ohne jemals ihre Wahrheit gefunden zu haben.
Das nennt man echte Gespenster.
Alle Erscheinungen sind ohne Substanz.
Die Erscheinungen zu sehen, so wie sie sind,
das ist, jetzt Buddha zu sehen.
Wie bei einem Fernglas, je nachdem,
ob man von einer Seite durchsieht
oder von der anderen,
sind die Dinge groß oder klein.
Aber es ist schwierig,
dem falschen Blickwinkel zu entkommen.
Alle Menschen fahren fort, sich zu täuschen,
indem sie reden und diskutieren.
Ich habe Mitleid mit ihnen.
Die Lehre der Professoren, die Eifersucht der Frauen,
die Betrunkenheit der Ehemänner, die Gier der Reichen,
die Misere der Armen,
all das sind falsche Blickwinkel,
aber es ist schwierig, dem zu entgehen. Warum?
Weil diese Leute von ihrem Ego aus denken…

Zazen besteht darin, sich Mühe zu geben,
vertraut zu werden mit sich selbst.
Um zu sehen, was wir sind,
gibt es kein besseres Mittel als Zazen…

Kodo Sawaki

EUROPA
20. JAHRHUNDERT

TAISEN DESHIMARU (1914-1982) ■ DER BODHIDHARMA DER MODERNEN ZEIT

Taisen Deshimaru wurde in Saga in eine alte Samurai-Familie hineingeboren. Von Kindheit an war er von der großen Hingabe seiner Mutter, die Buddhistin war, tief geprägt. Er verspürte schmerzhaft den Gegensatz zwischen dem religiösen Ideal seiner Mutter und der materialistischen Welt seines Vaters, einem Geschäftsmann, der ihn für eine Handelskarriere bestimmte. Er wollte diesen Konflikt lösen und hoffte, den inneren Frieden in der Religion zu finden. Der Buddhismus, den seine Mutter praktizierte, genügte ihm nicht. Er gab sich auch nicht mit seinem langen Bibelstudium, unter der Anleitung eines protestantischen Pfarrers, zufrieden. Schließlich wandte er sich vom Christentum ab, das ihn zunächst heftig angezogen hatte. Seiner Meinung nach fehlte ihm eine praktische Dimension, da es sich durch poetische Abstraktion davon entfernt habe.

Mit zwanzig Jahren begann Taisen Deshimaru ein Wirtschaftsstudium. Enttäuscht von der modernen Erziehung, die die geistige Dimension vollkommen vernachlässigte, und immer noch auf der Suche nach dem Sinn des Lebens, trat er in Kontakt mit den Lehren des *Rinzai-Zen*. Während eines denkwürdigen *Sesshins* im Engaku-ji-Tempel, bei einem langen Zazen, gab ihm ein verschlafener Mönch einen *Kyosaku*-Schlag auf den Kopf.

Da riß ihm Deshimaru ungestüm den Stock weg, verpaßte ihm ein paar Schläge und brüllte: »Das ist nicht Zen!«

Darauf begab er sich in das Zimmer des Meisters und sagte ihm: »Ich mag Zen nicht, ich will gehen!«

Der geschlagene Mönch kam dazu und beschwerte sich vehement über den Skandal, den Deshimaru im *Dojo* provoziert hatte.

Der Meister fing an zu lachen: »Das ist das wahre Zen!«
Schließlich führte Deshimarus Suche zu Kodo Sawaki. Als er sich dem Meister näherte, sagte dieser zu ihm im Zazen, ohne sich umzudrehen, ohne selbst die Augen zu heben: »Ich habe Euren Besuch mit Ungeduld erwartet.«
Deshimaru verbeugte sich und wurde von diesem Moment an Schüler von Kodo Sawaki, dem er getreulich folgte, wobei er sein Leben in der Gesellschaft ganz und gar fortsetzte. Nach einigen Jahren, als er die Beschränktheit einer sinnentleerten Lebensroutine mehr und mehr verspürte, und gleichzeitig beeindruckt von der großen Freiheit seines Meisters, bat er diesen um die Ordination. Da sagte Kodo Sawaki: »Ich verstehe deine Bitte. Aber es ist besser, wenn du weiter ein aktives Leben in der Gesellschaft führst und dabei immer mit Zazen fortfährst. Ich werde darauf achten, einen großen Mönch aus dir zu machen. In den meisten religiösen Gemeinschaften gibt man sich meiner Ansicht nach damit zufrieden, *Sutras* zu lesen und sie in fauler Lethargie stumpfsinnig zu rezitieren; die Mönche konzentrieren die ganze Aktivität ihres Geistes auf eine oberflächliche Realität. Bei demjenigen, der sich zum Mönch hat machen lassen, bildet die Abwesenheit eines Gefühls für *Mujo* eine unentschuldbare Beschmutzung des Geistes. Denn hat er sich nicht deshalb zum Mönch machen lassen, um von den drei Welten Abstand zu nehmen und die

flüchtige Natur unseres Universums zu verstehen? Wenn er in einem Tempel lebt, muß er eine Existenz akzeptieren, in der die Bindungen der Liebe und der Pflichten durchschnitten sind und in der das Richtige und das Falsche unbedeutend geworden sind. Diese ›Mönche‹ verachten die Übung, machen kein Zazen und erreichen also niemals das *Satori*. Ihr ganzer Tag geht vorüber in belanglosem Geschwätz, wenn sie nicht mit Tempeldienst beschäftigt sind, den sie mechanisch ausführen. Und weil sie in Routine verfetten, leben sie wie Säufer und sterben wie Träumer. Alles, was sie suchen, ist ein friedliches Leben ohne Sorgen. Wann werden sie also die Augen öffnen?«

Gleichzeitig mit seinen gesellschaftlichen und familiären Verpflichtungen fuhr Deshimaru beharrlich fort, mit seinem Meister Zazen zu üben, entweder im Soji-ji-Tempel, wo Kodo Sawaki zum *Dojo*-Verantwortlichen ernannt worden war, oder bei den verschiedenen *Sesshins* quer durch das ganze Land. Als Japan und die Vereinigten Staaten in den Krieg eintraten, zwangen die Umstände den Schüler und den Meister, sich zu trennen.

»Wir werden den Krieg sicherlich verlieren«, sagte Kodo Sawaki. »Vielleicht ist es das letzte Mal, daß wir uns sehen. Wie dem auch sei, liebe die ganze Menschheit ohne Unterscheidung nach Rasse oder Glauben.«

Von der Armee zurückgestellt, mußte Deshimaru verschiedene Verwaltungsfunktionen in Südostasien erfüllen. Mehrere Male entging er knapp dem Tod. Eines Tages mußte er sich nach Indonesien begeben, an Bord eines Frachters, der zu einem Konvoi gehörte, der von Zerstörern eskortiert wurde. Sobald der Konvoi die japanischen Hoheitsgewässer verlassen hatte, wurde er von amerikanischen Unterseebooten angegriffen; das war um so beunruhigender, als dieser Frachter Dynamit transportierte. Auf allen Seiten explodierten die Schiffe, und wenn ein Torpedo das Boot streifte, sprangen die Mitglieder der Besatzung in Panik über Bord. Von der Lehre seines Meisters durchdrungen, setzte sich Deshimaru auf eine der Lastkisten und machte Zazen, ein Zazen von einer bemerkenswerten Intensität, so erinnerte er sich später. Der Krieg und die wahnsinnigen Situationen, mit denen er konfrontiert wurde, gaben ihm die Gelegenheit, in einer Welt von Verrücktheit und Gewalt das *Bodhisattva*-Ideal in die Tat umzusetzen.

Zurück in einem vom Krieg verwüsteten Japan, nahm er seine Verpflichtungen als Geschäftsmann wieder auf und praktizierte weiter Zen mit Kodo Sawaki. Seine berufliche Aktivität brachte ihm Erfolg, aber auch großen Verdruß, während seine konstante Zen-Praxis sich vertiefte.

Im Lauf der Jahre verwirklichte er in sich die Synthese der Widersprüche zwischen dem Materiellen und dem Geistigen, die ihn in seiner Jugend gequält hatten.

Im November 1965, kurz vor seinem Tod, rief Kodo Sawaki Deshimaru zu sich und sagte zu ihm:

»Deshimaru, ich fühle, daß ich bald sterben werde. Was wirst du also tun? Du mußt meine Nachfolge antreten und die Lehre Bodhidharmas weitergeben. Jetzt gebe ich dir die Mönchsordination. Der Buddhismus in Japan hat seine Stärke verloren. Die Saat des wahren Zen muß in neue Erde gepflanzt werden. Ich hätte gern, daß du die echte Unterweisung Buddhas in den Westen bringst.«

Nachdem er die Asche seines Meisters begraben hatte, blieb Deshimaru neunundvierzig Tage in Zazen. Plötzlich hatte sich sein Wunsch, Mönch zu werden, verwirklicht. Aber die letzten Worte seines Meisters blieben für ihn ein *Koan,* das ihn zwei Jahre lang beschäftigte.

Im Jahr 1967 erschien die Lösung, als ihn eine makrobiotische Gruppe, die Japan bereiste, kennenlernte und nach Frankreich einlud. Da ihm diese Einladung als Möglichkeit erschien, dem Wunsch von Kodo Sawaki nachzukommen, vertraute er seinem Sohn die Verantwortung für die Familie an, brachte seine Angelegenheiten in Ordnung und schiffte sich nach Europa ein.

> **Wir müssen allein gehen, allein wandern, die ganze Zeit. Diejenigen, die das Ziel erreicht haben, können auf dem Weg des *Nirvana* spielen.**
> Yoka Gengaku

■ DIE SAAT DES ZEN IN NEUER ERDE

Im Juli des Jahres 1967, nach einer langen Reise mit der transsibirischen Eisenbahn, kam Taisen Deshimaru in Paris an, Gare du Nord: ein einfacher Zen-Mönch, ohne Geld, der kein Französisch sprach. Er hatte das *Kesa* bei sich, das ihm von Kodo Sawaki übergeben worden war, sowie die Notizbücher seines Meisters.

Taisen Deshimaru war dreiundfünfzig Jahre alt. Einquartiert im Hinterzimmer eines Ladens für Makrobiotik, übte er jeden Tag Zazen und verdiente seinen bescheidenen Lebensunterhalt mit Shiatsu-Massagen. Seinen Besuchern schenkte er Kalligraphien von Gedichten. Wie Ryokan oder Kodo Sawaki führte er das einfache Leben eines Zen-Mönchs und hielt hier und da Vorträge.

Damals war Zen in Europa nur einer Minderheit von Intellektuellen bekannt. Die Bücher von D.T. Suzuki und von westlichen Orientalisten hatten eine Darstellung verbreitet, die bestechend wirkte, aber weit entfernt war von der wirklichen Zen-Praxis. Meister Deshimaru forderte zur Praxis auf, das heißt zum Zazen. Auf diese Weise stieß er das Bild um, das von angeblichen Kennern des Zen entworfen worden war, welche es zu intellektuellen Spielen ohne Tiefe heranzogen. Getragen durch seinen tiefen Glauben an Zazen und daraus handelnd, verfolgte er seinen Weg, unbeirrt und ohne irgendwelche Fehler zu begehen.

Obwohl er der Tradition der großen Zen-Meister immer genau folgte, verstand er es, diese Lehre dem westlichen Geist zugänglich zu machen. Beeindruckt, praktizierten immer mehr Menschen mit ihm Zazen. Sein *Dojo* wurde in einen größeren Raum verlegt. Bald leitete er die ersten *Sesshins* und begann, Mönche und *Bodhisattvas* zu ordinieren. Seine Tätigkeit beschränkte sich nicht nur auf die Unterweisung im *Dojo*. Er hatte den tiefen Wunsch, den Menschen in der westlichen Zivilisation, deren mangelndes Gleichgewicht er verspürte, zu helfen und sie durch Zazen ein tieferes Verständnis ihrer selbst und ihres Lebens finden zu lassen.

Mit Hilfe seiner immer zahlreicheren Schüler schuf er über hundert *Dojos* in Europa. Auf der Basis seiner Unterweisungen wurden grundlegende Texte des Zen wie das *Shin jin mei,* das *Hokyo zanmai* und das *Shodoka* veröffentlicht. Er gründete den Tempel von La Gendronnière, das größte Zen-*Dojo* im Westen. Die Sommer-*Sesshins*, deren Tradition bis zu Buddha Shakyamuni zurückreicht, ermöglichten im Lauf der Zeit Tausenden von Teilnehmern die Erfahrung der authentischen Zen-Praxis. Die Organisation all dieser Aktivitäten half Meister Deshimaru gleichzeitig, seine nahen Schüler zu erziehen. Seine Lehre war sehr konkret und in den Situationen des Alltags verwurzelt. Wie die alten chinesischen Meister konfrontierte er seine Schüler mit *Koans*, die das Leben ihnen aufgab. Er sagte oft: »Macht keine Trennung zwischen dem Geistigen und dem Materiellen. Ihr müßt die Widersprüche umarmen.«

Seine Energie und sein persönlicher Einsatz waren so gewaltig, daß die nahen Schüler Mühe hatten, seinem Rhythmus zu folgen. Es war nicht selten, mitten in der Nacht zu ihm gerufen zu werden. Er wünschte, daß seine Schüler außerhalb der *Sesshins* und der täglichen Übung ein aktives gesellschaftliches Leben führten, ganz, wie Meister Kodo Sawaki es von ihm selbst gefordert hatte.

Die Haupttempel des *Soto*-Zen in Japan erkannten Meister Deshimaru an und beriefen ihn zum *Kaikyosokan* (Verantwortlicher für die Zen-Lehre) für ganz Europa. Anläßlich dieses Ereignisses mußte er ein prunkvolles rotes Mönchsornat anlegen, das er nach beendeter Zeremonie nie wieder trug. Wie Kodo Sawaki und Dogen bevorzugte er sein schlichtes schwarzes Gewand. In Japan nannte man ihn den »Bodhidharma der modernen Zeit«. Von seinen Schülern ließ er sich einfach *Sensei* nennen, »älterer Lehrer«.

In seinen letzten Jahren wurde sich Meister Deshimaru der Unbeständigkeit, *Mujo,* mehr und mehr bewußt und verstärkte seine Tätigkeit weiter. Er arbeitete unaufhörlich, ohne sich Ruhe zu gönnen. Manchmal sagte er: »Mein Leben wird vielleicht kurz sein, aber wenigstens nicht eigensüchtig.«

Anfang des Jahres 1982 wurde er krank, was ihn nicht daran hinderte, jeden Tag mit seinen Schülern Zazen zu üben. Im Frühjahr verließ er Frankreich, um sich nach Japan zu begeben. Seine letzten Worte waren dieselben, die er bei jeder Abreise sprach: »Please continue Zazen.«

Einige Tage später, am 30. April 1982, starb Meister Deshimaru in Tokyo. Neunundvierzig Tage lang praktizierten seine Schüler Zazen in völligem Schweigen. Er hinterließ den nahen Schülern die Essenz des Zen, Zazen, die sie ihrerseits weitergeben. Wie Bodhidharma, der vor tausendvierhundert Jahren das Zen von Indien nach China brachte, wie Dogen, der es vor siebenhundert Jahren in Japan einführte, hat Meister Deshimaru die Essenz der Lehre Buddhas in Europa verankert.

Ich habe den Europäern das wahre Zen geschenkt,
das ist die größte Freude meines Lebens.
Ich habe den Wunsch meines Meisters Kodo Sawaki verwirklicht,
und ich bin der Überzeugung,
daß dieses Werk historisch sein wird.

Taisen Deshimaru

ZIVILISATION UND PERSPEKTIVEN

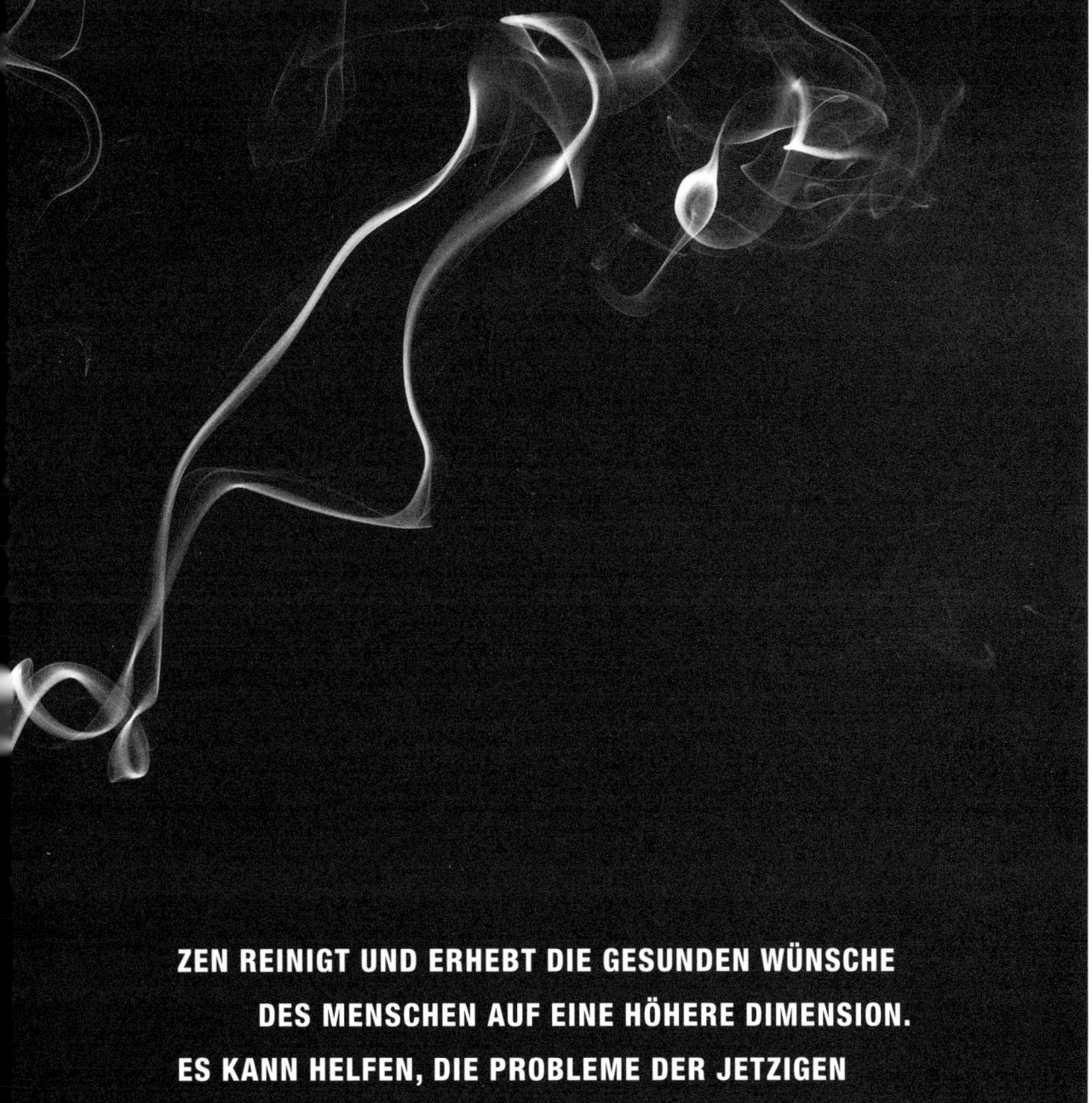

ZEN REINIGT UND ERHEBT DIE GESUNDEN WÜNSCHE DES MENSCHEN AUF EINE HÖHERE DIMENSION. ES KANN HELFEN, DIE PROBLEME DER JETZIGEN ZIVILISATION ZU LÖSEN, DA ES NICHT NUR AUF DAS TIEFE BEWUSSTSEIN VON JEDEM EINZELNEN WIRKT, SONDERN AUF DAS BEWUSSTSEIN DER GANZEN MENSCHHEIT.

Taisen Deshimaru

DIE ZIVILISATION IN DER SACKGASSE?

DIE »ZIVILISIERTE« GESELLSCHAFT VON HEUTE

Für unsere Zeit ist eine starke Entwicklung der Wissenschaft und des Materiellen charakteristisch, aber das Bewußtsein des Menschen, sein Verständnis des Lebens und sein Verhältnis zum Universum sind wenig fortgeschritten.

Die Erziehung ist meistens auf den Intellekt reduziert. Sie schult getrennt die verschiedenen Fähigkeiten der Individuen nach den momentanen Bedürfnissen der Gesellschaft, ohne auf die Person und ihr inneres Gleichgewicht zu achten. So werden Menschen in Einzelteilen geschaffen, die ihr Leben in Stücken leben. Die Kenntnisse und die vernunftbetonten Eigenschaften sind jedoch nicht ausreichend für die Entwicklung von Reife und Weisheit. Es fehlt der geistige Einfluß, der die Einheit wiederherstellen würde, die Integrität des menschlichen Wesens.

Das Ideal des Menschen beschränkt sich auf die Befriedigung von Wünschen, auf materielle Leichtigkeit, die oft Fortschritt genannt wird.

Selbst wenn die Naturwissenschaften einen eindringlicheren Blick darauf werfen, bleiben die Erklärungen des Universums provisorisch. Selbst wenn die Geisteswissenschaften immer komplexere Mechanismen des Lebens aufdecken, entgeht ihnen sein Wesen.

Die Wurzel der Ängste, der Zweifel ist im Geist des Menschen und nicht in den äußeren Ursachen. Die Krise einer Zivilisation spiegelt das mangelnde Gleichgewicht der Individuen wider, was nicht allein durch die Ökonomie oder die Politik gelöst werden kann.

Der Fortschritt ist an sich nicht schädlich. Dennoch kann er nicht zum Glück und zum Frieden des Menschen beitragen, wenn er nicht mit den universellen Prinzipien übereinstimmt. Diese Prinzipien sind jedem von uns zugänglich, vorausgesetzt, es wird eine echte innere Revolution verwirklicht.

Die Wissenschaft schreitet schnell voran,
weil sie das Wissen der anderen borgen kann.
Aber unsere menschliche Qualität kann
von niemandem geborgt werden,
und deshalb entwickeln wir uns nicht.
Das schafft die beunruhigende Situation
von unschuldigen Kindern,
die mit tödlichen Waffen spielen…

Kodo Sawaki

Unser tägliches Leben ist ein Leben der Wanderung und des Abgleitens
in die Welt unserer Träume und phantastischen Ideen. Was betreiben
die Menschen mit soviel Aufwand? Sie wandern, sie träumen...
Wenn ihr diese gewöhnliche Natur des Menschen vergeßt,
wird nichts von euch vom Himmel und der Erde getrennt sein.
Kodo Sawaki

DER MISSRATENE MENSCH?

Je weiter sich die menschliche Gattung entwickelt hat, desto mehr hat sich die Wirbelsäule aufgerichtet. Und in dem Maße, in dem sich die Wirbelsäule aufgerichtet hat, hat sich das Denken, die Intelligenz entwickelt. Das Tier hat eine instinktive Intelligenz, durch die es überlebt. Der Mensch hat auf Kosten seines primitiven Gehirns allmählich ein analytisches, spekulatives, abstraktes Denken entwickelt, das ihn besser beobachten und interpretieren läßt. Aber dieses Denken baut sich aus Kategorien auf, die den Menschen vom kosmischen Gesetz trennen. Der Mensch ist Sklave seines Denkens geworden, in dem er ein Ziel an sich sieht. Aus der Perspektive der biologischen Evolution ist der Mensch mit all seiner »höheren« Intelligenz nur ein etwas vollkommeneres Tier. In der Tat ähnelt er mehr und mehr einem mißratenen Tier. Eine schlechte Erziehung hat aus seinem Gehirn einen intellektuellen und ideologischen Computer gemacht und schafft auf diese Weise Widersprüche zwischen der imaginären und verbalen Welt des Gedankens und der augenblicklichen Wirklichkeit des Lebens. Dabei ist der normale Zustand des analytischen Gehirns, als Ergänzung und im Gleichgewicht mit dem primitiven Gehirn zu funktionieren. Um sich zu entwickeln, muß der Mensch seine Widersprüche auf sich nehmen, indem er die Synthese seiner beiden Gehirnhälften lebt. Der Buddha-Zustand, der jenseits allen Denkens ist, ist der normale Zustand des Menschen.

DIE SICHTBARE WELT UND DIE UNSICHTBARE WELT

Die meisten Menschen wenden sich nur den Phänomenen zu, der begrenzten, materiellen Welt. Durch Zazen kann man die unsichtbare Welt entdecken, in Kontakt sein mit dem Nicht-Phänomenalen. In der Tat ist Zazen die Verwirklichung des Zusammenklangs der sichtbaren und unsichtbaren Welt. Obschon es möglich ist, die Welt der Phänomene zu erklären, ist es schwierig, von der unsichtbaren Welt zu sprechen, die allerdings nicht weniger wirklich ist.
Die Existenz ist kurz, begrenzt wie die Blasen auf dem Wasser des Flusses auf der Oberfläche der Strömung. Sie existieren, man kann sie sehen. Wenn sie platzen, ist das der Tod, die Rückkehr zur Strömung, zum Kosmos. Nur die Form, die Erscheinung, hat sich geändert. Die sichtbare Welt bleibt nur auf der Ebene der Blasen, während die Strömung die ewige Welt darstellt. Es ist wichtig, die Dinge vom Standpunkt der Strömung des Flusses aus zu sehen und nicht nur von dem der Blasen. Dogen sagte: »Wenn man nur eine Seite betrachtet, bleibt die andere dunkel.«
Unbewußt kann man, hier und jetzt, die unsichtbare Welt erreichen, sie mit dem Körper spüren: durch die Zazen-Haltung. Das ist die wahre Sicht der Welt.

> **Der Weise ist der, der die unendliche Welt von der begrenzten Welt aus spürt und versteht. Nur die unendliche Welt zu suchen, führt zum »Spiritualismus«. Aber nur die begrenzte Welt zu sehen, führt in den Materialismus. Derjenige, der das Wesen des Kosmos versteht, ist ewig glücklich, unendlich frei, absolut weise.**
> Taisen Deshimaru

Zazen ist, im Leben den Tod anschauen, es ist, lebend in seinen Sarg steigen und die Lösung für das Problem des Todes finden. Diejenigen, die dieses grundlegende Problem lösen, können das wahre Glück im Leben finden.

Taisen Deshimaru

DAS LEBEN UND DER TOD

Das grundlegende Problem des Menschen ist, am Leben zu haften und den Tod zurückzuweisen. Da wir einen Körper besitzen und lebendig sind, existieren wir zwangsläufig unter dem Aspekt des Lebens. Wir haften daran und weisen den Tod zurück. So bringt diese Anhaftung an einen einzigen Aspekt und die Zurückweisung, die Unkenntnis der anderen Seite, zwangsläufig einen Mangel an Gleichgewicht mit sich.

Im Körper wie im Universum in seiner Gesamtheit hat jeder Aspekt seinen Gegensatz, zum Beispiel: Sympatikus und Parasympatikus im Nervensystem, konzeptionelles und intuitives Gehirn. Man kann in keinem normalen Zustand sein, ohne diese beiden Aspekte in Harmonie zu bringen. Aber da der Mensch oft nur das Leben betrachtet und die Welt des Todes ignoriert, die, obwohl real, Form und Zeit nicht unterworfen ist, funktioniert er auf unvollständige Weise.

Die meisten Religionen sagen, daß der Körper nach dem Tod vergeht und der Geist bleibt. Aber wenn wir sterben, setzen sich unser Geist und unser Körper ewig fort. Da sie zum Kosmos gehören, kehrt alles zu *Ku* zurück, der Leere, der absoluten Essenz. Es gibt keine wirkliche Trennung zwischen dem Leben und dem Tod. Nur die Form ändert sich, die Essenz selbst bleibt immer unverändert.

DIE INNERE REVOLUTION

DER NORMALE ZUSTAND

Zen wird oft als eine spezielle Praxis angesehen, als etwas Mysteriöses, das vom Alltagsleben entfernt ist. Diese Ansicht ist ein Irrtum. Zen ist nichts anderes als die Rückkehr zum normalen, ursprünglichen Zustand des Körpers und des Geistes des Menschen. Es sind vielmehr die Gesellschaft und das Leben, das wir führen, die außerhalb des Normalen sind. Die meisten Menschen sind beschränkt durch ihre Konzepte, durch das, was sie wissen, und das, was sie zu wissen glauben. Dagegen haftet Zen an nichts, es ist offen und akzeptiert alles: Glück und Unglück, Leben und Tod, Erscheinungen und Leere. Letztlich schließt es alles ein und geht über alle Gegensätze hinaus. In seinem normalen Zustand ist der Körper auf natürliche Weise stark, die Atmung tief, der Geist weit, offen. Gott, Buddha, die fundamentale kosmische Kraft, ist der normale Zustand.

Wenn der Mensch wirklich Mensch wird, wird er Gott, Buddha.
Taisen Deshimaru

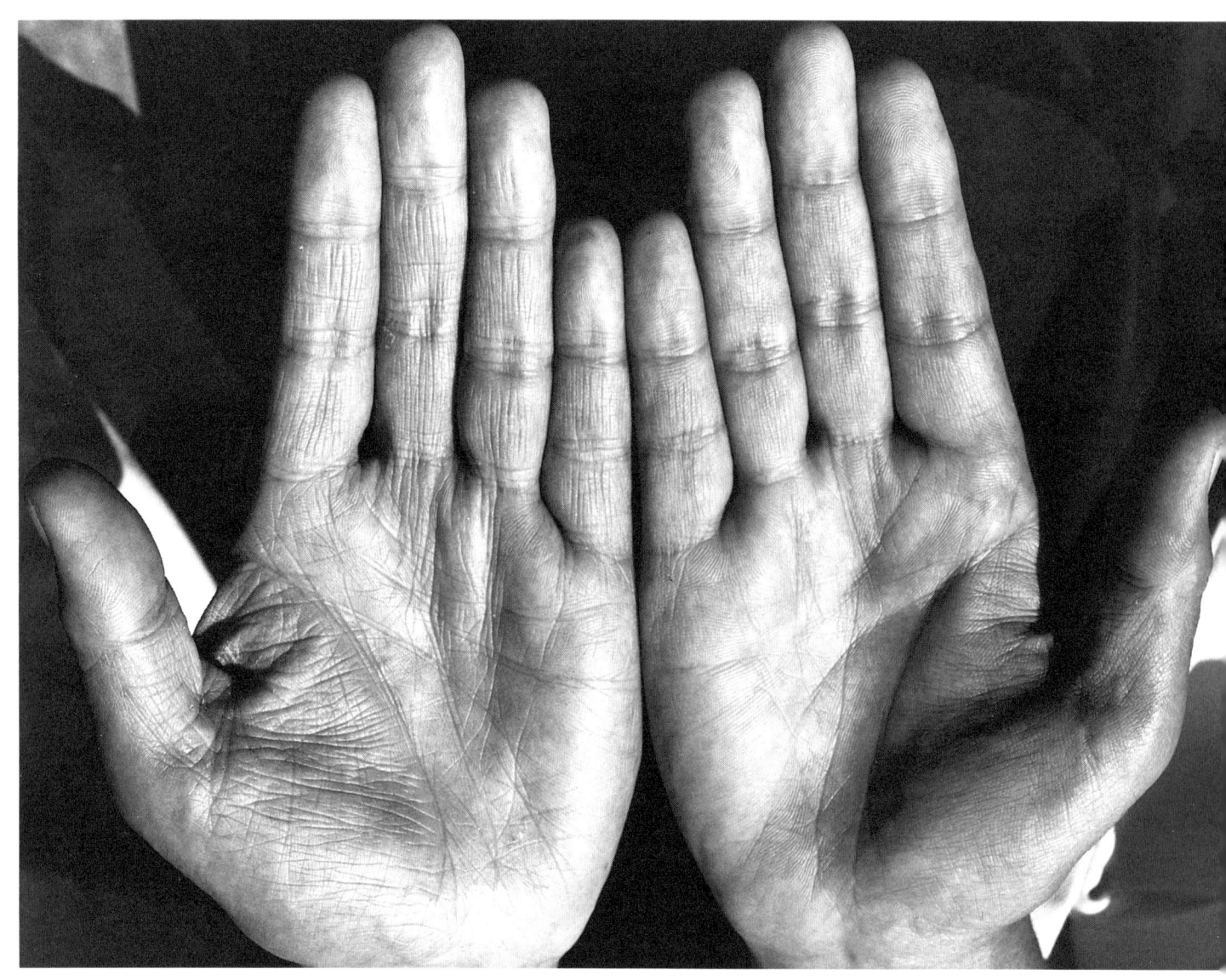

Hände von Meister Deshimaru.

> Den Weg zu betreten ist nicht schwierig, aber es sollte weder Liebe noch Haß, weder Wählen noch Verwerfen geben.
> Es genügt, frei zu sein von Liebe und Haß, damit das Verstehen erscheint, spontan und klar wie das Tageslicht in einer Höhle.
> Sosan

DIE WIDERSPRÜCHE UMARMEN ■ DER WEG DER MITTE

Zen ist weder nur geistig noch nur materiell; es schließt beide Aspekte ein. Die Harmonie dieser zwei Aspekte ist schwer zu verwirklichen. Manche Menschen folgen lediglich der Gesellschaft, andere hingegen suchen das rein Geistige, ohne eine Verbindung zwischen beidem herzustellen. Das Wesentliche ist, den Weg der Mitte zu finden, ohne einen Aspekt zu bevorzugen.
Vom Standpunkt unseres individuellen Denkens aus unterscheidet man Raum, Zeit, Leben und Tod. Aber vom Standpunkt des kosmischen Lebens sind Raum, Zeit, Leben und Tod nicht getrennt; es gibt nur einen ständigen Wechsel. Zen ist außerhalb des Dualismus, den unser – an Raum und Zeit gebundenes – Mentales hervorbringt. Es kommt zur Einheit aller Dinge zurück.
Der innere Kampf zwischen dem Richtigen und dem Falschen mündet in die Geisteskrankheit. Der Mensch klassifiziert ständig – reich oder arm, sympathisch oder unsympathisch, gut oder schlecht –, ohne zu verstehen, daß er sich durch diese Aufteilungen selbst begrenzt und Disharmonie und Chaos in die Welt bringt. Meister Deshimaru sagt:
»Die Gegensätze in Harmonie bringen, indem man an ihre Quelle geht, das ist das Eigentliche der geistigen Haltung des Zen, der Weg der Mitte: die Widersprüche umfassen, die Synthese daraus bilden, ihr Gleichgewicht verwirklichen. Der Geist der Freiheit muß sich jedes alten Aberglaubens, aller Ansichten, aller formellen Zwänge entledigen, um in sich selbst den Ursprung einer authentischen Moral zu finden, die gleichzeitig persönlich und universell ist, verbunden mit dem tiefen Bewußtsein des Lebens.«

OHNE KATEGORIE

Jeder Augenblick ist anders. Wenn das Denken sich auf einen einzigen Aspekt fixiert, schneidet es den Fluß des ursprünglichen Geistes ab, der weder Fixierung kennt noch Anhalten, noch Erwägung, noch Unterscheidung. Wenn wir uns nur nach unseren eigenen Kategorien entscheiden, sind wir nicht im Einklang mit der Wirklichkeit des Augenblicks und können nicht mit Weisheit handeln.

Das Gute und das Schlechte sind nur Vorder- und Rückseite derselben Medaille. Ein Urteil, an das man sich anhaftet, läßt den Geist erstarren und ähnelt schließlich einer Realität. Auf diese Weise verdunkelt man sein eigenes Bewußtsein. Das Bewußtsein treibt von Irrtum zu Irrtum und kann keine Entwicklung vollziehen. Die Menschen reden und folgen ihren eigenen Ideen. Ihr Gespräch berührt nicht die Wirklichkeit, denn sie entscheiden willkürlich über Gut und Schlecht aus einer eingleisigen Sicht heraus.

Die Übung des Zen, der normale und ursprüngliche Zustand des Geistes, ist ohne Gegensatz und ohne Kategorie.

Die Melodie des Zen kann nicht durch die Noten einer Partitur begrenzt werden. Sie wurde in aller Freiheit erschaffen, im weiten, blauen Himmel.
Taisen Deshimaru

Was ist der Sinn unseres Lebens? Der Sinn ist, das Problem unserer Existenz zu lösen. Obwohl wir die Buddha-Natur besitzen, haben wir bisher nur im dunkeln getappt. Nicht gefesselt zu sein, weder von der Gesellschaft noch vom Ego, das ist – denke ich – die wahre Freiheit. Diese Freiheit, das ist die Nicht-Angst erfassen.
Kodo Sawaki

DIE NICHT-ANGST

Wir leben in einer Welt der Angst. Heutzutage stellt die Angst sich dar als ständige Furcht, die den Elan des Lebens bricht. Sie ist der Ursprung von zahlreichen Krankheiten.
Warum haben die Menschen Angst? Es ist das Haften an sich selbst und an den Dingen des Lebens, das die Basis der Furcht, der Ängstlichkeit darstellt. Durch die regelmäßige Zazen-Übung, durch das Aufgeben der Anhaftung, verschwindet dieser ängstliche Zustand. Wenn der Geist ruhig ist, wird alles ruhig. Die Wurzel der Angst muß gelebt und verstanden werden. Im Zazen ist es möglich, die Gefühle und die Ängste zu betrachten wie Blasen, die an die Oberfläche eines Flusses steigen. Der Geist wird zurückgebracht zum einzigen gegenwärtigen Moment; er wird wie der weite Ozean, den in der Tiefe nichts durcheinanderbringt. Die meisten Ängste sind eingebildet und entsprechen keiner realen und unmittelbaren Gefahr.
Die Nicht-Angst ist ein Bewußtsein, das die Emotionen kommen läßt, ohne sich mit ihnen zu identifizieren. Durch dieses Nicht-Identifizieren befreit sich das Bewußtsein und erreicht einen Zustand von Stabilität, der sich als Nicht-Angst ausdrückt.

Die vollkommene Erweckung zum Körper des *Dharma* macht uns sicher, daß wir in der Fortsetzung des Universums sind.
Deshalb, weil wir in der Fortsetzung des Universums sind, haben wir das Leben. Die Frage ist, wie handeln in der Fortsetzung des Universums.
Kodo Sawaki

DIE KOSMISCHE TATKRAFT ■ KI

Unsere heutige Gesellschaft bewirkt, daß die Triebkraft, die jedes Lebewesen besitzt, schwächer wird – durch eine künstliche Lebensweise, chemische Lebensmittel, überheizte Wohnungen, synthetische Kleidung, Transportmittel, die keinerlei Anstrengung mehr erfordern, und so fort. All diese Kunstprodukte legen der Evolution des Menschen Fesseln an und lassen ihn vom Aktiven ins Passive zurückfallen. Echte spirituelle Hilfe ist, den anderen Lebensschwung zu übertragen. In der Tat ist der ganze Kosmos mit dieser Kraft angefüllt, und unsere eigene Existenz ist darin nur eine Welle.

Ki ist der Ausdruck der universellen Energie. Es bringt in Bewegung, treibt voran. Es läßt das Blut in unseren Adern fließen, stimuliert die Nerven, regeneriert unsere Zellen und mobilisiert die Vitalität. Ein starkes *Ki* macht das Leben intensiv. Schon immer suchte die Wissenschaft nach dem Ursprung des Lebens. Umsonst, denn die meisten Wissenschaftler können nicht an den Geist glauben.

Der Mensch wird ständig aufgehalten durch unzählige Hindernisse und viele mentale Widerstände. Dies drückt sich, die ganze Dauer seiner Existenz hindurch, in tiefen Leiden aus, die nicht gelöst werden können, weder durch die Wissenschaft noch durch die Technik. Im Zen ist der Geist die Quelle des Lebens.

Im Zazen ist man unbeweglich, konzentriert auf die tiefe Ausatmung, es entwickelt sich ein sehr starkes *Ki*. Wie es gebrauchen? Durch die Konzentration: Seine Lebensenergie in eine einzige Handlung auf einmal legen. Zazen bringt uns bei, so zu leben.

Die moderne Lebensweise mit ihrer Zerstreutheit, Betriebsamkeit des Mentalen, Unordnung der Gedanken und den Ängsten läßt das *Ki* verlorengehen. Der Mensch muß diese grundlegende Kraft wiederfinden, denn die Bestimmung der Menschheit ist es, ihre kosmische Funktion zu erfüllen.

> Im Sitzen, im Stehen in meiner grünen Einsiedelei, was ich auch tue,
> ich habe nur einen Wunsch: vor mir alle Lebewesen hindurchgehen
> zu lassen.
>
> Dogen Kigen

DER WEG DES BODHISATTVA

Das Ideal des Zen ist es nicht, den Buddha-Zustand zu erreichen, die Erweckung für sich selbst, sondern die enge Begrenzung einer persönlichen Suche abzulegen und offen zu sein für das Wohl aller Wesen. Dies ist die Handlung des *Bodhisattva*. *Bodhi*: Erweckung, *Satori*, Verständnis des universellen Gesetzes, der Geist des Buddha. *Sattva*: in die Welt der Erscheinungen tauchen, mit den anderen arbeiten. Daher ist der *Bodhisattva* derjenige, der die leidenden Wesen versteht, ihnen hilft und sie mit Mitgefühl auf den richtigen Weg führt. Kodo Sawaki sagt:
»Die Menschen haben Angst, weil sie nur von sich selbst als Individuum abhängen. Zazen üben bedeutet, eine Person zu sein, die in Einheit mit Himmel und Erde ist.«
Durch sein Leben und sein Üben erfährt der *Bodhisattva* die Nicht-Substanz aller Dinge. Er vertraut dem, was über uns hinaus existiert, was Meister Deshimaru die »fundamentale kosmische Kraft« nannte. Seine Handlungen übersteigen ihn als Individuum, und durch ihren universellen Charakter richten sie sich an alle Wesen.
Für den *Bodhisattva* ist das Leben keineswegs ein Hindernis oder eine Last, sondern es ist der Weg, durch den sich sein *Satori* verwirklicht. Er lenkt das Leben, anstatt vom Leben gelenkt zu werden. Das Ideal des *Bodhisattva* ist es daher, die Menschen zur Wahrheit zu führen, sie auf den Weg der Erweckung zu bringen.

HIN ZU EINEM NEUEN HUMANISMUS

DER SCHÖPFERISCHE MENSCH

Die schöpferische Handlung ist nichts anderes, als der unsichtbaren Welt (*Ku*) eine wahrnehmbare Form (*Shiki*) zu geben, wobei man die kosmische Energie sich frei ausdrücken läßt durch die Person. Beim Sitzen in Zazen, die Beine gekreuzt, die Wirbelsäule aufgerichtet, das Kinn zurückgezogen, der Geist in Einheit mit der tiefen Ausatmung, sind Körper und Geist von der grundlegenden kosmischen Kraft durchdrungen. Sie ist die Quelle der Weisheit und der schöpferischen Energie.

Der Mensch hat gegen den Kosmos ein Verbrechen begangen, als er eine künstliche Zivilisation erschuf, die von dieser ursprünglichen Quelle abgeschnitten ist. Man kann sagen, daß der Mensch in dem Maße, wie er es vorzieht, Kenntnisse zu erwerben, die Tendenz hat, eher auf das Desaster zuzuschreiten als auf das Glück.

Die wahren Lösungen, die neuen Ideen, die, welche tief in die anderen eindringen, sind nicht nur das Ergebnis einer persönlichen Handlung, sondern kommen aus *Ku*. Die wahre Schöpfung muß ein *Fuse* sein, eine Gabe an die Welt.

Die wichtigste Aufgabe des Menschen ist es jetzt, diese Schöpferkraft durch die natürliche Weisheit zu befreien, um der Gesellschaft eine Basis zu geben, ein neues Fundament.

Zen ist, in der Tiefe des Seins die wahre und unbegrenzte Kraft zu finden und, indem man dieser schöpferischen Energie gehorcht, aktiv zu werden.
Daisetz Suzuki

VISION EINER NEUEN ZIVILISATION

Bei einem Zusammentreffen mit Meister Deshimaru soll der Philosoph Karl Jaspers gesagt haben: »Der Geist des Systems ist unheilvoll. Wir müssen über die Ratio hinausgehen. *Ku* wird der Gegenstand der zukünftigen westlichen Philosophie werden.«

Und Arnold Joseph Toynbee schreibt: »Das nächste Jahrhundert muß das Jahrhundert einer geistigen Zivilisation werden.«

Zen hat Eigenschaften, die sich in den Religionen nicht finden: Da es keinerlei Form verhaftet ist, kann es sich an jeden Umstand anpassen, mit allen Kulturen harmonieren. Es will nicht in Opposition zu den Wissenschaften sein, sondern kann sie, im Gegenteil, um seine lebendige Erfahrung bereichern. Die wahre Religion muß der Wissenschaft Weisheit vermitteln.

Die westliche Welt hat in ihrer Geschichte große Ideale von Freiheit und Demokratie erschaffen, hat die Lebensqualität allgemein verbessert und durch die Entwicklung der Wissenschaften einem objektiveren Verständnis der Phänomene den Weg geebnet. Aber diese Tugenden sind in Gefahr, sie werden durch das übertriebene Wachstum des materiellen Aspekts unserer Zivilisation verdorben. Wir verdanken dieser Entwicklung unsere intellektuellen Kenntnisse und unsere wissenschaftliche Kultur, aber auch unsere Trennung von den vitalen Wahrnehmungen. So hat sich das ursprüngliche Bewußtsein, das darin besteht, sich als im Zentrum des Universums lebend zu fühlen, bis zu dem Grad abgeschwächt, daß der Mensch der Umwelt gegenüber viel weniger sensibel geworden ist als alle anderen Lebewesen.

Um neuen Antrieb zu finden, muß der Okzident die wissenschaftliche Betrachtung des Universums einerseits und unsere direkte, subjektive Wahrnehmung andererseits zu einem Ganzen vereinen. Unsere Welt ist nicht allein aus materiellen Elementen gemacht, ebensowenig ist sie nur subjektiv. Man muß sich der Tatsache bewußt sein, daß eine geistige Welt existiert, genauso, wie die objektive Welt existiert. Da liegt das Problem: Die Religion ist subjektiv, die Wissenschaft objektiv. Aber diese beiden Aspekte sind nicht zu trennen, sie sind wie Vorder- und Rückseite desselben Blattes Papier.

Diese Phänomene sind die Basis der universellen Wirklichkeit. Sie sind das Blut, das Fleisch, die Nerven davon. So müssen die Wissenschaft und die Schöpfungen des Menschen, die ja ein Teil der Welt der Erscheinungen sind, zum Ausdruck dieser Wirklichkeit werden.

Umgekehrt muß die Religion die modernen Denkweisen anwenden: politisch, ökonomisch, künstlerisch…, denn diese bilden die Erscheinungen unseres Lebens. Sie muß sie aber zur höchsten Dimension der Zivilisation führen. Es muß ihr gelingen, die Einheit des Universums jenseits der Phänomene zu finden und uns den wahren, reinen und ursprünglichen Aspekt der menschlichen Existenz erreichen zu lassen. Wie kann das verwirklicht werden? Meister Deshimaru sagt: »Die Veränderung beginnt immer beim Individuum. Man muß sich selbst kennen, denn sich selbst verstehen, ist das Universum verstehen. Der Mikrokosmos und der Makrokosmos sind eins. Wenn ein Mensch einen Schritt vorwärts tut, bringt er das Weltbewußtsein einen Schritt vorwärts. Die Menschen müssen das Ego aufgeben, den Wettbewerb, den Kampf, den Willen zur Macht und sich mit der ganzen Menschheit verbinden. Das ist der wahre Erfolg.«

Die Zivilisation des einundzwanzigsten Jahrhunderts wird geistig sein, oder sie wird nicht sein.
André Malraux

Wenn man Zazen übt, ist das wahre Ego
mit der kosmischen Wahrheit verbunden.
Man kann der universellen Ordnung folgen,
unbewußt, von selbst und natürlich,
ohne Einsatz des Willens.
Wenn wir ihr folgen, werden wir nicht fehlgehen.
Alles wird Quelle unserer Freude,
in Einklang mit unserem Willen,
alles kann uns Glück und Zufriedenheit bringen.
Angst, Furcht, Sorge und Zweifel verschwinden.
Bis in die Tiefe unseres Geistes
verwirklicht sich ein großes Selbstvertrauen,
die Gewißheit und der Glaube, ein Teil zu sein
von Gott oder Buddha.

Unsere tiefe Betrachtung nähert sich Gott, Buddha.
Wenn man verstehen kann: »Ich bin Buddha, bin Gott«,
scheidet sich unsere wahre Natur
von unserem schlechten *Karma.*
Die Dunkelheit des Kiefernschattens hängt ab
von der Klarheit des Mondlichts.

Wir werden demütig, bescheiden.
Unser Geist wird sanft, teilnehmend, ehrlich.
Unser Leben kann also Wert haben,
und wir verspüren persönliche Würde.
Unbewußt, von selbst und natürlich,
können wir versuchen, zu harmonieren
mit allem, was existiert.

So erschaffen wir tiefen Respekt
für die große Symphonie der Welt.

Taisen Deshimaru

Die alte Welt, die ich verabscheute,
ist in der Tat eine Welt voller Magie und Begeisterung,
seit mir, dank Zen,
die Stille eingeflößt wird, wo das Unerschöpfliche haust.

Henry Miller

ANHANG

DIE WEITERGABE DES ZEN IN INDIEN

Buddha Shakyamuni
1. Mahakashyapa
2. Ananda
3. Shanavasin
4. Upagupta
5. Dhitika
6. Mishaka
7. Vasumitra
8. Buddhanandi
9. Buddhamitra
10. Parshva
11. Punyayasha
12. Anabodhi
13. Kapimala
14. Nagarjuna
15. Kanadeva
16. Rahulabhadra
17. Samghanandi
18. Samghayathata
19. Kumaralata
20. Shayata
21. Vasubandhu
22. Manorata
23. Haklenayasha
24. Simhabodhi
25. Bashashita
26. Punyamitra
27. Prajnadhara
28. Bodhidharma

DIE WEITERGABE DES ZEN IN CHINA

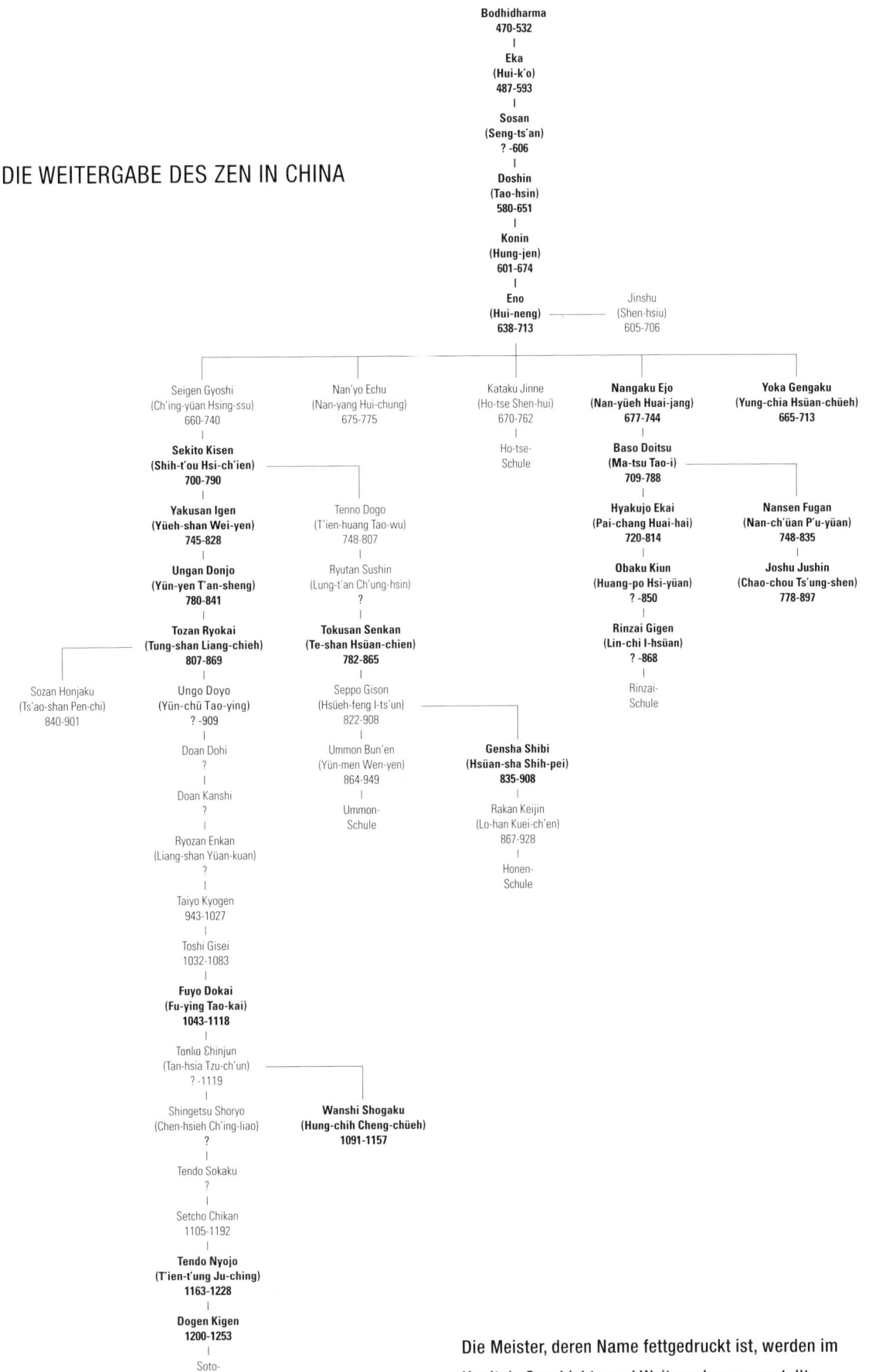

Die Meister, deren Name fettgedruckt ist, werden im Kapitel »Geschichte und Weitergabe« vorgestellt.

DIE WEITERGABE DES SOTO-ZEN IN JAPAN

Linie von Meister Deshimaru:
Dogen Kigen (1200-1253)
Koun Ejo (1198-1280)
Tettsu Gikai (1219-1309)
Keizan Jokin (1268-1325)
Meiho Sotetsu (1277-1350)
Shugan Dochin (?-1387)
Tessan Shikaku (?-1376)
Kegan Eisho (?- 1412)
Chuzan Ryoun (?-1432)
Gizan Tonin (?-1462)
Shogaku Kenryu (?- 1485)
Kinen Horyu (?-1506)
Teishitsu Chisen (?-1536)
Kokei Shojun (?-1555)
Sekiso Juho (?-1574)
Kaiten Genju (?-1632)
Shuzan Shunsho (?-1647)
Chozan Giketsu (1581-1672)
Fukushu Kochi (?-1664)
Myodo Yuton (?-1668)
Hakuho Genteki (1594-1670)
Gesshu Soko (1618-1696)
Tokuho Ryoko (1648-1709)
Mokushi Soen (1673-1746)
Gankyoku Gankei (1683-1767)
Kokoku Soryu
Rosetsu Ryuko
Ungai Kyozan
Shoryu Koho
Shokoku Zenko
Somon Kodo Sawaki (1880-1965)
Mokudo Taisen Deshimaru (1914-1982)

BIBLIOGRAPHIE

Werke von Meister Taisen Deshimaru:

Za-Zen. Die Praxis des Zen, Kristkeitz Verlag, Berlin, 5. Aufl. 1978.

Zen in den Kampfkünsten Japans, Kristkeitz Verlag, Leimen, 3. Aufl. 1994.

Die Praxis der Konzentration, Aurum Verlag, Braunschweig, 2. Aufl. 1992.

Fragen an einen Zen-Meister, Kristkeitz Verlag, Leimen 1987.

Autobiographie eines Zen-Mönchs, Theseus Verlag, Zürich, 2. Aufl. 1990.

Die Stimme des Tales. Ein Sesshin-Tagebuch, Kristkeitz Verlag, Berlin 1982.

Hannya Shingyo. Das Sutra der Höchsten Weisheit, Kristkeitz Verlag, Leimen 1988.

Shodoka. Satori – hier und jetzt. Ein Zentext von Yoka Daishi (675–713), Kristkeitz Verlag, Berlin 1979.

Shinjinmei. Gedichtsammlung vom Glauben an den Geist. Ein Zentext von Meister Sosan (?–606), Kristkeitz Verlag, Berlin 1978.

Hokyo Zanmai. Samadhi des Schatzspiegels. Ein Zentext von Meister Tozan (807–869), Kristkeitz Verlag, Berlin 1978.

Sandokai. Die Einheit von Essenz und Erscheinung. Ein Zentext von Meister Sekito (700–790), Kristkeitz Verlag, Berlin 1978.

Le Trésor du Zen, Éditions Albin Michel, Paris 1986.

L'autre Rive. Le Trésor du Zen 2, Éditions Albin Michel, Paris 1988.

Le Bol et le Bâton. 120 contes zen, Éditions Albin Michel, Paris, 2. Auflage 1983.

Zen et Self-control (in Zusammenarbeit mit Dr. Ikemi), Éditions Albin Michel, Paris 1991.

L'anneau de la voie, Éditions Albin Michel, Paris 1993.

Vrai Zen, Association Zen Internationale, Paris, 3. Aufl. 1990.

Le Rugissement du Lion, Éditions du Rocher, Paris 1994.

Integrale de l'enseignement oral de Maître T. Deshimaru, Bd. 1–12, Association Zen Internationale, Paris 1984-1994.

Werke anderer Autoren:

Dumoulin, Heinrich, *Geschichte des Zen-Buddhismus*, Bd. 1 und 2, Francke Verlag, Bern 1985, 1986.

Lexikon der östlichen Weisheitslehren, Scherz Verlag, Bern, München, Wien, 2. Aufl. 1986.

Sawaki, Kodo, *Kommentare zum Shodoka*, Zen Vereinigung Schweiz, Zen Dojo Zürich, Zürich 1989. (Broschüre)

Bovay, Michel, *Die sechs Tugenden*, East-West Production, Zen Dojo Zürich, Zürich 1995. (Broschüre)

BILDNACHWEIS

Photographien:

S. 40 oben, 45, 52, 60, 74 oben und unten, 84, 101, 105, 111, 133, 134, 137, 139, 141, 154:
   Association Zen Internationale

S. 93: Dojo Zürich

S. 23, 27: M.-J. Douarinou

S. 17, 29 oben und unten, 34, 43 oben und unten, 47, 55, 67, 70, 81, 98, 108, 113, 127:
   East-West Production AG

S. 28, 33, 37, 39, 44, 49 unten, 77, 92, 103, 115: J. Favre-Felix

S. 18-19, 78-79, 144-145, Umschlag: W. Graf

S. 63, 147, 148, 149, 151, 156, 157, 159, 160, 163: E. Grubenmann

S. 143: D. Hinrichs

S. 31 oben, 40 unten, 50 unten, 51, 69 oben und unten, 94, 116, 118, 128, 153, 165:
   L. Kaltenbach

S. 36, 49 oben, 131: F. Mathieu

S. 35: G. Mercier

S. 21, 22, 167: R. Roux-Guerraz

S. 53: F. Silec

S. 31 unten, 46, 102: P. Ulrich

S. 32, 59: J.-C. Varga

Bilder und Zeichnungen:

S. 50: Nähender Mönch, Kaô (14. Jh.) zugeschrieben, Museum of Cleveland

S. 87: Buddha dreht die Blume von Kichizan Minchô (1352-1431), Rokuô-in, Kyoto

S. 89: Bodhidharma von Shunsô Shôjû (1750-1839), Privatsammlung

S. 90: Eka mit Bodhidharma von Sesshû Tôyô (1420-1506), Sainenji Präfektur Aichi

S. 96: Eno, anonym (vor 1159), Shôfukuji, Fukuoka

S. 107: Rinzai von Suiô Gendro (1717-1789), Museum of Arts, New Orleans

S. 110: Tokusan, Soga Jasoku (15. Jh.) zugeschrieben, Yôtoku-in, Kyoto

S. 130: Ikkyu von Bokusai (?-1492), Nationalmuseum Tokyo

Kalligraphien:

Die Kalligraphien sind von Meister Taisen Deshimaru.

Für alle Auskünfte, die die Praxis des Zen
betreffen, richte man sich bitte an

Zen Dojo Zürich
Rindermarkt 26
CH-8001 Zürich
Tel. (01) 261 81 59

Association Zen Internationale
Temple Zen de la Gendronnière
F-41120 Valaire
Tel. (02) 54 44 04 86